アジア
ビジネス法務の
基礎

インドネシア
のビジネス法務

BUSINESS LAW IN ✈ INDONESIA

西村あさひ法律事務所／編

「アジアビジネス法務の基礎」シリーズ
の刊行にあたって

　日本企業にとってアジアの重要性は論を俟たない。ビジネス法務におけるサービス提供を本領とする当事務所は，アジアにおける日本企業の活動をビジネス法務面から支えることを最重要の使命の1つと位置づけている。特に2010年以降，アジア諸国にオフィスを設置し，人的・物的リソースを鋭意投入してきている。また，個々の具体的な案件におけるリーガルサービス提供に止まることなく，これらを通して獲得し蓄積した経験や知見を，世の中に還元することにより法律実務の発展に資するという事務所理念のもと，書籍や講演，ロースクールなどの教育機関での教鞭，政府委員会等への参画など，様々な態様での活動を積極的に行ってきている。

　今般，有斐閣から「アジアビジネス法務の基礎」とのタイトルのもと，アジア諸国のビジネス法務をシリーズで提供する機会を得た。まさに，上記の当事務所の本領と理念を発揮する場となる。

　執筆は，各国のビジネス法務の実務経験豊富な者が担当する。当事務所現地オフィスに駐在，当該国の制度上の理由等から当事務所現地オフィスの設置のない国についても，現地の法律事務所に駐在したり，当事務所現地オフィスで採用したりした各国の有資格弁護士などが，現地におけるクライアントの方々の日々直面する様々なビジネス法務問題について共に取り組んだ経験と知見に裏打ちされた真に役立つシリーズを企図している。

　このシリーズがその企図通りの評価をいただけることを謙虚に信じている。

　2018年10月

西村あさひ法律事務所
執行パートナー
弁護士　保坂雅樹

目　　次

本文中のインドネシアの法令について（vi）／執筆者紹介（vii）

I　総　　論 ——————————————————————1

1　投資環境・進出動向……………………………………2
- (1)　は じ め に　2
- (2)　インドネシアの魅力　2
- (3)　経 済 規 模　3
- (4)　進 出 動 向　4

2　法制度の特徴………………………………………8
- (1)　インドネシアの国家体制　8
- (2)　インドネシアの法体系　11
- (3)　インドネシアの法制度の特徴　14

II　進　　出 ——————————————————————19

1　事業体比較 ………………………………………20
- (1)　駐在員事務所　20
- (2)　株式会社と駐在員事務所の比較　24

2　外資規制・販売規制・奨励策 ……………………………28
- (1)　は じ め に　28
- (2)　外 資 規 制　28
- (3)　販売規制（代理店規制を含む）　38
- (4)　外資に対する奨励　41

3　駐在員の派遣（査証，在留資格，労働許可等）……………………43
- (1)　ビ　ザ　43
- (2)　居 住 許 可　45
- (3)　外国人の就労　45
- (4)　論　点　46

目　次

4　不動産の取得 ……………………………………………48

(1)　は じ め に　48

(2)　インドネシア憲法　48

(3)　農業基本法　49

(4)　建 設 権　51

(5)　利 用 権　53

(6)　抵 当 権　53

5　進出方法比較 ……………………………………………55

(1)　は じ め に　55

(2)　単独且つ新規での子会社設立　55

(3)　ジョイント・ベンチャー　58

(4)　M & A　63

Ⅲ　現地での事業運営 ————————————————83

1　会 社 法 ………………………………………………84

(1)　機 関　84

(2)　株 主 総 会　84

(3)　取 締 役 会　91

(4)　コミサリス会　95

2　労 働 法 ………………………………………………101

(1)　労働関係法令についてのポイント　101

(2)　採用の際に留意すべきポイント　102

(3)　労務管理において留意すべきポイント　110

(4)　労 働 組 合　113

(5)　ストライキ・ロックアウト　115

(6)　雇用契約の解消の際に留意すべきポイント　118

3　知 的 財 産 権 …………………………………………123

(1)　特 許　123

(2)　著 作 権　124

(3)　商 標　126

(4)　種 苗 法　127

目　次

　　(5)　営 業 秘 密　128

　　(6)　工 業 意 匠　129

　　(7)　集積回路配列保護　130

　　(8)　知 財 紛 争　131

　4　コンプライアンス………………………………………………132

　　(1)　インドネシア子会社のコンプライアンスの重要性　132

　　(2)　贈 収 賄　132

　　(3)　贈収賄の実例　141

　　(4)　独占禁止法　146

　　(5)　その他の問題　148

　5　紛 争 解 決………………………………………………………150

　　(1)　訴訟手続き　150

　　(2)　仲　裁　154

　　(3)　強 制 執 行　158

　　(4)　紛争解決の合意　161

　6　資金調達・担保…………………………………………………164

　　(1)　資金調達に関する規制　164

　　(2)　不動産に対する担保権　166

　　(3)　動産に対する担保権　168

　　(4)　そ の 他　169

　7　契 約 法…………………………………………………………171

　　(1)　基 本 原 則　171

　　(2)　契 約 言 語　172

　　(3)　解 除 条 項　175

Ⅳ　撤　　退————————————————————————177

　1　清算，株式譲渡など……………………………………………178

　　(1)　清算による撤退　178

　　(2)　株式譲渡手続き　183

　　(3)　合弁契約上の規定　183

　2　労　務……………………………………………………………184

iv

（1）概　要　184

（2）雇用関係の終了　184

3　倒産法制 …………………………………………………………187

（1）は じ め に　187

（2）破産法の概要　187

（3）紛争解決手段としての破産申立　191

お わ り に　193

事 項 索 引　194

Column　一覧

インドネシア人の結婚　13

投資調整庁（BKPM）　24

ノミニーに関する紛争　36

インドネシアにおける華僑　50

事業競争監視委員会（KPPU）　80

公証・認証　90

汚職撲滅委員会（KPK）　137

本文中のインドネシアの法令について

・本文中で出てくる法令名は，特にことわりのない限り，インドネシアの法令を示す。
・主要な法令の略称は，下記の通りである。

営業秘密法	営業秘密に関する 2000 年法律 30 号
汚職撲滅法	汚職撲滅に関する 1999 年法律 31 号（2001 年法律 20 号による改正を含む）
会社法	有限責任会社に関する 2007 年法律 40 号
工業意匠法	工業意匠に関する 2000 年法律 31 号
集積回路配列保護法	集積回路配列に関する 2000 年法律 32 号
種苗保護法	植物品種の保護に関する 2000 年法律 29 号
商標法	商標及び地理的表示に関する 2016 年法律 20 号
著作権法	著作権に関する 2014 年法律 28 号
特許法	特許に関する 2016 年法律 13 号
投資法	投資に関する 2007 年法律 25 号
独占禁止法	独占的行為及び不公正な事業競争の禁止に関する 1999 年法律 5 号
労働法	労働に関する 2003 年法律 13 号
労働組合法	労働組合に関する 2000 年法律 21 号
労働紛争解決法	労働紛争解決に関する 2004 年法律 2 号

・法令の基準時については，原則として 2018 年 7 月 31 日時点とするが，その後のアップデートについて触れている箇所もある。

執筆者紹介

吉本　祐介（よしもと　ゆうすけ）　カウンセル
2002 年第一東京弁護士会，2011 年ニューヨーク州弁護士登録

町田　憲昭（まちだ　のりあき）　カウンセル
2003 年第二東京弁護士会

　西村あさひ法律事務所は，2017 年にインドネシアにおける日本企業等に対するリーガルサービスを更に強化するため，インドネシアのワラランギ＆パートナーズ法律事務所（Walalangi & Partners）と，インドネシア業務に関して戦略的提携を行った。

　ワラランギ＆パートナーズは，西村あさひ法律事務所との密接な連携により，様々な分野でのインバウンド投資活動，特にインドネシアへの投資活動に焦点をあてたサポートに力を入れることを目的とし，同地での実務経験が豊富で各種受賞歴のあるルーキー・ワラランギ（インドネシア法弁護士）により設立された事務所である。ワラランギ＆パートナーズには西村あさひ法律事務所の日本人弁護士が駐在している。

　本書の執筆に際しても，ワラランギ＆パートナーズから多大なる協力を得ている。

I

総　　論

Ⅰ　総　論

1　投資環境・進出動向

⑴　はじめに

　インドネシアのビジネス環境は，魅力にあふれているといえる。

　世界第4位の人口を（2.55億人〔2015年〕）抱えて市場規模も大きい上，アジア通貨危機以降安定的な成長を続けている。出生率が高く，若年層が多いことを考慮すると，この成長は長期的に継続することが見込まれている。

　また，インドネシア人，特にジャワ人は，一般的には穏やかな人が多く，対日感情もよいことから，日本人が一緒に働くことの障害も他の国に比べて少ないと思われる。

　このようなインドネシアの魅力に惹かれて，自動車関連メーカーなどの日本企業の進出が進んでいる。株式会社国際協力銀行（JBIC）による2017年の調査では，中期的有望事業展開先国・地域として，中国，インド，ベトナム，タイにつぐ第5位を獲得している[1]。

⑵　インドネシアの魅力

　国際協力銀行の中期的有望事業展開先調査報告によると，インドネシアは，2013年の調査で初めて中期的有望国として1位になったが，2014年及び2015年の調査では，2位になり，2016年の調査では3位，2017年の調査では5位になった[2]。中期的有望国の順位は後退の傾向ではあるものの，33.1%の回答者がインドネシアを中期的有望国として挙げており，依然として日本企業のインドネシアに対する関心は高いといえる。

　回答企業が有望だと考える理由としては，以下の点が挙げられている。

---

1)　国際協力銀行業務企画室調査課「わが国製造業企業の海外事業展開に関する調査報告──2017年度海外直接投資アンケート結果（第29回）」（2017年11月，以下「中期的有望事業展開先調査報告」という）（https://www.jbic.go.jp/wp-content/uploads/press_ja/2017/11/58812/shiryo00.pdf）。
2)　国際協力銀行が製造業で原則として海外現地法人を3社以上（うち，生産拠点1社以上を含む）有する企業に対して行ったアンケートをまとめたものである。

2

1　投資環境・進出動向

- （ⅰ）現地マーケットの今後の成長性
- （ⅱ）現地マーケットの現状規模
- （ⅲ）安価な労働力
- （ⅳ）組立てメーカーへの供給拠点として
- （ⅴ）産業集積がある

他方，課題としては，以下の点が挙げられている。

- （ⅰ）法制の運用が不透明
- （ⅱ）労働コストの上昇
- （ⅲ）他社との厳しい競争
- （ⅳ）管理職クラスの人材確保が困難
- （ⅴ）治安・社会情勢が不安

　現地マーケットの成長性に大きな期待が寄せられている一方，法制の運用の問題が重要な課題として挙げられているなど，筆者らが日頃の業務で実感しているインドネシアの特徴に合致する調査結果であると思われる。以下では，インドネシアの有望理由として上位に挙げられている現地マーケットについて説明の上，投資に際して考慮されるその他の要素についても触れることとする。

⑶　経済規模

　インドネシアの最大の魅力が現地マーケットである。世界銀行によれば，インドネシアの1人あたりの国民総所得は，3540ドル[3]（2017年）[4]とシンガポール，タイやマレーシアには及ばない。しかしながら，人口が他国よりも多いことから，GDPは　ASEAN加盟国の中で最大になっており，第2位のタイの2倍以上となっている。

　インドネシア経済は規模が大きいだけではなく，安定的な成長を続けている。

3）　本書において，「ドル」はすべて米国ドルを意味する。
4）　https://data.worldbank.org/country/indonesia?view=chart

Ⅰ 総　　論

インドネシア経済は，1998年のアジア通貨危機により深刻な影響を受けたが，2000年以降は順調に回復している。2014年以降は約5％から6％の経済成長を継続している[5]。

インドネシアは，若年人口が多く，生産年齢人口が総人口に占める割合が上昇していく局面である「人口ボーナス」期間が2030年頃まで継続すると予測されていることから[6]，長期的には経済成長が継続するものと考えられる。

(4) 進出動向

(ア) インドネシアへの投資

上記(3)で説明したように，インドネシアの経済成長が継続していることから，インドネシアへの投資も順調に増加し，2016年における外国投資は，397兆ルピアとなっている（1ドル＝約1万4400ルピア〔2018年7月31日時点〕）。

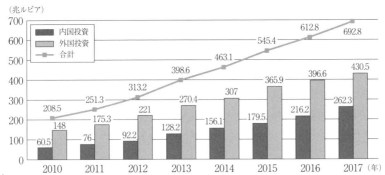

投資調整庁作成「DOMESTIC AND FOREIGN DIRECT INVESTMENT REALIZATION IN QUARTER IV AND JANUARY - DECEMBER 2017」[7]（以下「投資調整庁資料」という）より

---

5) 前掲注4) 参照。
6) 佐藤百合『経済大国インドネシア』（中央公論新社，2011年）37頁。
7) http://www.bkpm.go.id/images/uploads/file_siaran_pers/PAPARAN_-_ENG_-_TW_IV_2017.pdf

1 投資環境・進出動向

(イ) 各島ごとの投資

インドネシアは，約1万8000に上る多数の島を有する島嶼国家である。その中でも大きいのが，ジャワ島，スマトラ島，カリマンタン島，スラウェシ島及びパプア島である。これら主要5島の内，ジャワ島は，面積は約13万平方キロメートルと他の島よりも少ないが，人口は，1億2000万人を超え，経済規模は他の各島を圧倒している。外国投資も，金額ベースで過半数の投資がジャカルタ近郊やスラバヤ近郊などのジャワ島に集中している[8]。

(ウ) 各国の進出

インドネシアへの投資元であるが，2013年には，日本が第1位になっており，中期的有望事業展開先調査報告において，インドネシアが中期的有望事業展開先国・地域として，第1位を獲得したことを裏付けている。2016年にはシンガポールについで第2位となっているが，日本企業は，日本からの投資だけでなく，シンガポールに設立した地域統括拠点を通じてインドネシアに投資している場合もある。このようなシンガポールを通じた日本企業の投資は，統計上は，シンガポールからの投資と扱われるため，日系企業によるインドネシア投資は下記の統計以上に多いといえる。

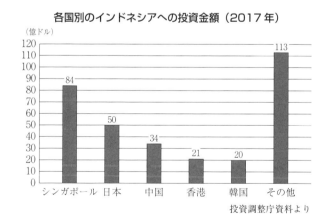

各国別のインドネシアへの投資金額（2017年）
投資調整庁資料より

---

8) 投資調整庁資料。

Ⅰ 総　　論

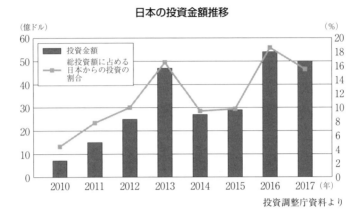

投資調整庁資料より

(エ)　日本企業の進出

　日本企業によるインドネシア投資は，2013年ころまでは自動車関連の投資が多かったが，近時はインドネシアの現地マーケットが拡大していることから，現地マーケットを対象としたサービス業などの進出も進んでいるものと思われる。

　筆者らの業務においても，自動車関連業種以外にも，金融などのサービス業やIT業など幅広い会社がインドネシアへの進出を行っている。

(オ)　日本企業の進出地域

　日本企業が進出する地域は，主にジャカルタ及びその近郊である。インドネシアへの日本企業への進出は増加しているが，ジャカルタ以外の地域における駐在員数や法人数に大幅な増加はみられない。

　ジャカルタ近郊では，近時最低賃金が急速に上昇しており，進出した企業の経営に悪影響を与えている。最低賃金は，地域ごとに異なり，ジャワ島内でも，ジョグジャカルタなどジャカルタ近郊の半分以下の地域も存在する。しかしながら，港湾，電気，道路などのインフラが整備されているのは，ジャカルタやその近郊の工業団地などに限られている。そのため，賃金水準の上昇にもかかわらず，日本企業の進出先はジャカルタ及びその近郊が大部分となっている。

　筆者らが関与した案件でも，資源関係（パプア島），漁業関係（スラウェシ島），発電プロジェクト（スマトラ島）など，ジャカルタ及びその近郊以外の案件も

1 投資環境・進出動向

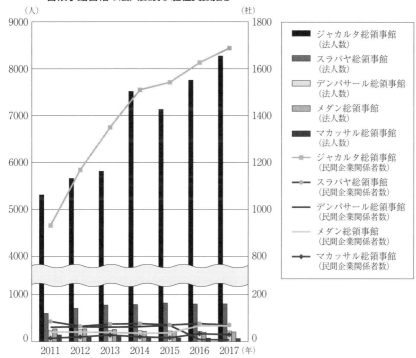

各領事館管轄の法人数及び駐在員数推移

外務省作成「海外在留邦人数調査統計平成30年要約版」[9]を元に作成

あるが，多くの案件は，ジャカルタ及びその近郊となっている。

---

9) http://www.mofa.go.jp/mofaj/files/000368754.pdf

I　総　　論

2　法制度の特徴

(1)　インドネシアの国家体制

　インドネシアの最高権力は，国会議員及び地方代表議会議員により構成される国民協議会（Majelis Permusyawaratan Rakyat）にある。国民協議会は，国会議員 560 名及び地方代表議員 132 名，合計 692 名で構成される。国民協議会は，スハルト大統領時代には，国会議員に加え，職能代表というスハルトが任命する議員によりなり立っていた。スハルト後の憲法改正で職能代表が廃止され，地方代表議会を新設することで，国民協議会は完全に民選議員だけの組織となっている [10]。

　国民協議会は，憲法改正，大統領及び副大統領の任命及び罷免などを行うものとされている（インドネシア憲法 3 条）。

　以下国家統治に関する主要な機関として，大統領，国会及び司法に関する諸制度について説明する。

(ア)　大　統　領

　インドネシアの行政は，大統領が担っている。現在の大統領は，闘争民主党に所属するジョコ・ウィドド（Joko Widodo，通称ジョコウィ）であり，2014 年 10 月に就任した。

　大統領は，国民の直接選挙により選任される（インドネシア憲法 6A 条 1 項）。大統領の任期が 5 年であることから，直接選挙も 5 年ごとに行われる。現行憲法上，大統領の再選は 1 回に限定されていることから，大統領の任期は，最長でも 10 年間である。大統領の直接選挙は，2004 年から開始され，2014 年に第 3 回目の直接選挙が行われた。2014 年の選挙までは，国会議員選挙が行われた数ヶ月後に大統領選挙が行われていた。しかしながら，憲法裁判所は，かかる選挙方法を違憲と判断したことから，2019 年の選挙からは，国会議員

---

10)　本名純『民主化のパラドックス』（岩波書店，2013 年）58 頁。

選挙と大統領選挙が同時に行われる見込みである。

大統領の補佐として，副大統領が設けられている。副大統領の任期も大統領と同様に 5 年であり，再選は 1 回に限られている。2014 年 10 月に就任した副大統領は，モハマッド・ユスフ・カラ（Muhammad Jusuf Kalla）である。カラ氏は，第 1 次ユドヨノ大統領の際（2004 年から 2009 年）にも副大統領を務めている。

インドネシアの歴代大統領と在位期間	
スカルノ（Sukarno）	1945 年～1967 年
スハルト（Suharto）	1967 年～1998 年
バハルディン・ユスフ・ハビビ (Bacharuddin Jusuf Habibie)	1998 年～1999 年
アブドゥルラフマン・ワヒド（Abdurrahman Wahid）	1999 年～2001 年
メガワティ・スティアワティ・スカルノプトゥリ (Megawati Setiawati Sukarnoputri)	2001 年～2004 年
スシロ・バンバン・ユドヨノ (Susilo Bambang Yudhoyono)	2004 年～2014 年
ジョコ・ウィドド（Joko Widodo）	2014 年～

㈡ 国　会

インドネシアの国会は，一院であり，定数は 560 名である。国会は，法律を制定する権限を有するが，大統領の合意が得られない法案を国会に提出することはできず（インドネシア憲法 20 条 3 項），国会単独で法律を制定することはできない。

国会議員の選挙制度は，非拘束名簿式の比例代表選挙である。すなわち，有権者は，各政党の候補者の名前を記載して投票し，政党の得票数に基づいて各政党の当選人の人数が決まる。各政党に配分された当選人の数のなかで，得票数の最も多い候補者から順次当選人が決まることになる。なお，投票数の 3.5% 以上の投票を得られなかった小政党に対しては，当選人は割り当てられない。

Ⅰ　総　　論

㋑　司　法

①　裁　判　所

　インドネシアの裁判所は，普通裁判所，行政裁判所，宗教裁判所，軍事裁判所及び憲法裁判所で構成されている。普通裁判所は刑事事件及びほとんどの民事事件について管轄権を有する。普通裁判所は，地方裁判所（Pengadilan Negeri），高等裁判所（Pengadilan Tinggi）及び最高裁判所（Mahkamah Agung）に分かれている。

　特別裁判所として，商事裁判所（Pengadilan Niaga），租税裁判所（Pengadilan Pajak），少年裁判所（Pengadilan Anak），産業関係裁判所（Pengadilan Hubungan Industrial），漁業事件裁判所（Pengadilan Perikanan），汚職犯罪裁判所（Pengadilan Tindak Pidana Korupsi），人権裁判所（Pengadilan Hak Asasi Manusia）及び宗教裁判所（Mahkamah Syariah）がある。

　ビジネスに関係する特別裁判所は，商事裁判所，租税裁判所，産業関係裁判所及び汚職犯罪裁判所であろう。これらの裁判所は以下の事件を取り扱う。

商事裁判所	倒産及び知的財産に関する紛争
租税裁判所	納税者と政府との間の税金に関する紛争
産業関係裁判所	雇用者又は雇用者団体と従業員又は労働組合との間の紛争，及び労働組合間の紛争
汚職犯罪裁判所	汚職撲滅法違反事件，資金洗浄に関する事件，その他汚職に関係する事件

②　裁判官の汚職

　インドネシアの裁判で注意する必要があるのは，裁判官の汚職である。インドネシアの裁判においては，汚職により判決が左右される場合があることを念頭に置いておく必要がある。

　実際に収賄により有罪となっている裁判官もいる。2013 年 10 月 2 日には，当時の憲法裁判所の長官であるアキル・モクタル氏が収賄の疑いで現行犯逮捕されており，インドネシア国民に衝撃を与えた[11]。モクタル氏は，その後収

11）　2013 年 10 月 4 日付けじゃかるた新聞参照。

10

賄罪により有罪とされ，終身刑の判決を受けている。最高裁判所であっても不正と無縁ではなく，2012 年 10 月 11 日には，判決文を不正に書き換え，覚せい剤製造事件の被告の刑を減軽していたとして，アフマド・ヤマニ最高裁判所判事が懲戒免職されている[12]。憲法裁判所や最高裁判所の裁判官でさえ不正を行っているのであるから，下級審の裁判官の状況は更に酷いと考えられる。日系現地法人の日本人社長が地方裁判所の裁判官に対する贈賄で有罪となったこともある[13]。筆者らが地方裁判所の裁判官に面会した際に，「裁判の担当裁判官が相手方から賄賂を受け取っているおそれがある場合にはどのような対処方法があるか」と聞いたところ，「裁判官の給料は安いのだから仕方がない」と賄賂を受けるのが当然と言わんばかりの回答をされ驚いたことがある。

　裁判官が証拠ではなく，賄賂に基づき判断を行う可能性があるということは，不合理な主張と思われる請求でもインドネシアの裁判所で認められる可能性があるということである。日本企業は，契約で仲裁による紛争解決を合意しておく等，できる限りインドネシアの裁判所を利用しなくて済むような方策を整えておく必要があるであろう。

　また，裁判官への贈賄は，弁護士を通じて行われることも多い。外国企業が起用するようなコーポレート業務を中心とする弁護士事務所では問題は少ないが，訴訟業務を中心とする弁護士事務所を起用する際には特に注意する必要がある。実際に有名な訴訟事務所の弁護士が裁判官に対する贈賄の疑いで現行犯逮捕された事件もある[14]。インドネシアの弁護士を選定する際には，裁判官に賄賂を渡す弁護士ではないか，評判に十分に気を付ける必要がある。

(2)　インドネシアの法体系

　インドネシアの法律は，国家法，宗教法及び慣習法の三元構造として理解することができるとされている[15]。

---

12)　2012 年 12 月 13 日付けじゃかるた新聞参照。
13)　オーナンバ株式会社 2012 年 4 月 24 日及び 5 月 14 日付け各プレスリリース参照。
14)　2013 年 7 月 26 日付け Jakarta Post「Lawyer, Supreme Court staff arrested for bribe allegation」参照。
15)　島田弦「講演録　インドネシア人の法律に対する意識」月刊インドネシア 2012 年 7 月号 6 頁参照。

Ⅰ　総　　論

㋐　国　家　法

　国家が制定した法令は，日本と同様にインドネシアでも，法制度の中心的な役割を果たしている。特にビジネスを行う上では，適用される制定法を遵守する必要がある。

　国家法としては，法律（Undang undang），大統領令（Peraturan Presiden），省令などがある。法令の英訳は，官庁のウェッブサイトなどで一部公表されているが，英訳を入手できる法令は限られている。法令の和訳は，日本貿易振興機構（ジェトロ）のウェッブサイトなどで公表されているが，日本企業にとって特に重要なものに限られている。

　中央政府が制定する法令の他に，地方公共団体が制定する条例もあるが，条例のデータベースなどもなく，条例の調査は困難を伴う。

㋑　宗　教　法

　インドネシア憲法上，唯一神への信仰が求められているが（インドネシア憲法29条1項），いずれの神を信じるかは規定されておらず，信教の自由が保障されている。

　実際には，インドネシアの国民の88.1％はムスリムであり[16]，宗教法を考える際には，イスラム教の教義が重要となる。イスラム教は，日常生活に関する教えも含んでおり，親族・相続など日本では法律で規定されている分野も宗教法の対象となり得る。

　ビジネスの世界で宗教法が問題となる場面は限られているが，例えばイスラム金融を利用する場合には，イスラム教の教義を遵守しているかが問題となる。また，ムスリムが食べることができることを証明するハラール認証を取得することについての興味が日本企業の間でも高まっているが，ハラールとされるためにも，イスラム教に適合するように食品の処理を行う必要がある。ハラール認証に関しては，以前はインドネシア・ウラマ評議会（Majelis Ulama Indonesia）が監督していたが，2014年にハラール製品に関する法律が制定され，今後は新設の国家機関であるハラール製品保証機関（Badan Penyelenggara Jaminan

---

16)　外務省インドネシア共和国基礎データ参照。

Produk Halal）が監督することになる。

Column

インドネシア人の結婚

　宗教が関係する重要な場面の一つとして結婚がある。結婚に関する 1974 年法律
1 号 2 条 1 項によれば，結婚は，夫婦の宗教に従って行われる必要がある。

　コーランでは，非ムスリムの男性とムスリムの女性の結婚は禁止されており，イ
ンドネシアでも非ムスリムの男性とムスリムの女性の法律婚はできない。反対に，
ムスリムの男性とキリスト教の女性の結婚は，コーランでは禁止されていないよう
であるが，インドネシアでは，実際上法律婚はできないようである。

　なお，インドネシア駐在員から日本人もイスラム教に改宗すれば，4 人まで妻を
持てるのかと聞かれることがあるが，日本人である限り，日本の刑法の重婚罪（刑
法 184 条）の適用があり，妻は 1 人しか持てない。

(ウ)　慣 習 法

　日本法においても慣習法は一定の役割を果たしており，例えば，民法におい
て，法令中の公の秩序に関しない規定と異なる慣習がある場合において，法律
行為の当事者がその慣習による意思を有しているものと認められるときは，そ
の慣習に従うとされている（日本の民法 92 条）。

　インドネシアでは，慣習による意思の有無にかかわらず，制定法の定めがな
い場面では慣習法（adat）がより広く適用される可能性がある。例えば，刑事
責任との関係では，1951 年非常事態法第 1 号により，刑法に規定がない行為
であったしても，慣習法により違法とされる場合には，慣習法に従って刑罰が
科されるとされている [17]。

　インドネシアのビジネスにおいて，慣習法が実際に問題となる場面としては，
不動産取引が考えられる。

　なお，裁判所が何が慣習法にあたるかを判断する一般的な方法はなく，具体
的な場面において慣習法の存在やその内容を確認することは困難とのことであ

---

17)　Sebastiaan Pompe「Between crime and custom: Extra-marital sex in modern Indonesian law」
　　Tim Lindsey 編『Indonesia Law and Society 2nd Edition』（The Federation Press, 2008 年）106 頁。

I 総 論

る[18]。慣習法が問題となり得る場面においては，慎重に検討する必要がある。

(3) インドネシアの法制度の特徴

インドネシアの法制度の特徴としては，以下の点を挙げることができる。

- 契約の履行確保の困難性
- オランダ法の影響
- 法整備が不十分

以下各々について説明する。

㋐ 契約の履行確保の困難性

インドネシアでビジネスを行う際に念頭におく必要があるのは，取引相手方が契約を履行しなかった場合に，契約履行を強制することが事実上困難であるということである。

2017年の世界銀行の調査では，インドネシアは，裁判による契約の履行確保が世界190カ国中145番目とされている（日本は51番目）[19]。他の東南アジアの国は，下記のとおりである。

```
シンガポール   ：2番目
タイ          ：34番目
マレーシア      ：44番目
ベトナム       ：66番目
フィリピン      ：149番目
カンボジア      ：179番目
ミャンマー      ：188番目
```

---

18) 前掲注17) 110頁。
19) http://www.doingbusiness.org/rankings

14

調査結果を見ればわかるとおり，インドネシアは，カンボジアやミャンマーよりは順位はよいが，近隣の ASEAN 加盟国よりも契約履行は困難とされている。特に，契約の履行に必要な裁判所及び弁護士の費用が契約金額の74％に達するとされており，裁判が費用倒れに終わる可能性が相応にある。

費用だけではなく，裁判結果の公正さにも問題がある。(1)(ウ)②で説明したようにインドネシアの裁判所では汚職が蔓延しており，外国企業が公正な判断を受けられると期待することは非常に困難である。日本企業は，裁判所における紛争解決をできるだけ避ける必要がある。

裁判によらない紛争解決方法として仲裁があるが，Ⅲ5記載のとおり，仲裁による紛争解決を合意していたとしても，問題が解決するわけではない。

裁判や仲裁などの法的手続による紛争解決が困難ということは，紛争発生時の相手方との交渉にも影響を与える。交渉に際しては，交渉決裂時にどのような選択肢があるかが交渉力を左右するが，選択肢が契約に基づく措置だけでは，相手方に足下を見られることになる。紛争になるとインドネシア側の相手方は，考えられるあらゆる手を使って圧力を掛けてくる。例えば，荒唐無稽な理由で莫大な損害賠償請求訴訟を提起する，債務不履行を理由として破産を申し立てる，さらに契約を履行する意図が元々なかったとして日本人駐在員を詐欺などの容疑で警察に逮捕させる等があり得る。いずれの方法においても，裁判所や警察が賄賂により理不尽な判断を行う可能性がある。

もちろん契約を軽視してよいということはなく，日本企業が契約に定める以上の権利を有することはないという意味で，契約は交渉のスタート地点を決めるという重要な意味を持つが，契約以外の選択肢を準備しておくべきであろう。例えば，合弁の場合には，肝心の技術やノウハウなどをインドネシア企業に渡さず，日本企業と紛争になった場合には合弁会社が事実上も存続できないようにしておくことが考えられる。

(イ)　オランダ法の影響

① オランダ法の適用

インドネシアでは，1945年の独立時に効力を有していたオランダ法が新たな法令が定められるまで，引き続き効力を有するとされている（インドネシア

Ⅰ　総　　論

憲法経過規定Ⅱ条）。主要な法令であってもインドネシア語の法令が制定されていないものもあり，具体的には，以下のオランダの法律が依然として適用されている。

- 民法
- 刑法
- 民事訴訟法
- 民事執行法

　オランダの法律は，戦後も改正がなされているが，戦後の改正は当然インドネシアには適用されない。そのため，インドネシアの法律は，70年近くにわたり改正がないことになり，経済などの実態との乖離が生じている。

② 下級審裁判例の拘束力

　インドネシアは，オランダ法の影響を受けていることから，下級審裁判例に拘束力はなく，各裁判官は，他の裁判所の判断を考慮することなく，判決を下すことができる。インドネシア人弁護士は，この点を捉えて，インドネシアは，英米法（コモン・ロー）の国ではなく，大陸法（シビル・ロー）の国であると説明する。

　この点，日本も大陸法（シビル・ロー）の国であり，下級審裁判例に拘束力はない。

　しかしながら，日本とインドネシアでは，下級審裁判例の事実上の影響に大きな相違があり，大陸法（シビル・ロー）であるから同じと考えていると，問題が生じかねない。

　日本の場合，下級審裁判例に拘束力はないが，重要な判決や決定は，判例時報や判例タイムズなどの判例集に掲載される。インドネシアの場合，日本のように重要な下級審判決を掲載する雑誌やデータベースなどは存在せず，裁判官が下級審判決を調べる手段は極めて限定されている。弁護士が下級審判決を調査することはさらに困難であり，筆者らが下級審判決の調査を行った際には，実際に裁判所まで赴き，裁判所から閲覧・謄写の許可を取得する必要があった。

16

裁判官及び弁護士のいずれによる裁判例の調査も困難であるため，裁判官は，事実上も他の下級審における判断を参照せずに判決を下していると考えられる。裁判官に対する賄賂の問題がある上に，裁判官が毎回初見で法律を解釈することから，インドネシアの裁判の予見可能性は極めて低くなっている。

なお，最高裁判所の判決であっても実際上拘束力が否定される場合がある。すなわち，最高裁判所で勝訴したとしても，主張や当事者を多少修正することで最高裁判所の判決の拘束力を容易に免れることができる可能性がある。

インドネシアの裁判に始まりはあっても終わりはなく，インドネシアでの訴訟は，泥沼化するおそれがあることに注意する必要がある。

㋒　法整備が不十分

インドネシアにおいては，法令が十分に整備されているとは言い難く，裁判に至らない，通常の業務における法令の解釈にも困難が伴う。

下位の法令である省令が上位の法令である大統領令と矛盾している場合や同一官庁が作成した規則が相互に矛盾している場合もある。また，会社法のような基本法令についても法律の詳細を定める規則が制定されておらず，具体的な手続きなどがわからないことが多々ある。例えば，会社法が定める会社分割に関する手続き等の詳細を定める規則（会社法136条参照）は，会社法が2007年に成立しているにもかかわらず，未だ制定されていない。

さらに，インドネシアの法律事務所では，法律の解釈に際して，文献や雑誌はほとんど参照されておらず，法令の解釈を行う際は官庁照会による確認に依拠している。書面による照会を行えば，官庁の公式見解を取得することができるが，回答にどの程度の期間が必要か予測できない。法令の解釈を1〜2ヶ月待つことのできる案件は限られていることから，口頭での官庁照会に依拠する場合も多い。しかしながら，この場合，照会を受けた公務員は，各々の個人的意見を述べるだけであるから，単に担当者レベルの確認をしているだけでは，実際に案件を進める段階になって上司に意見を覆される可能性が相応にある。そのため，どの程度確実な照会結果を得ることができるかが各法律事務所の腕の見せ所となっており，インドネシア人弁護士は，複数の，なるべく高位の公務員から回答を得られるよう苦心している。筆者らも，インドネシア人弁護士

Ⅰ　総　論

が日頃から公務員に対して接待や贈答を行っているところを見聞きしている。官庁照会と一言で言っても，起用する弁護士によって照会結果の確度が異なることから，信用できる弁護士を選任することが重要となる。

Ⅱ

進　　　出

Ⅱ　進　　出

1　事業体比較

　外国企業がインドネシアで事業を行う場合，インドネシア法に基づく株式会社（Perseroan Terbatas，PT）を設立しなければならないとされており（投資法5条2項），他の法人形態は認められていない。そのため，インドネシアへの進出を検討する場合に，まずは駐在員事務所を設立するのか，それとも直ちに株式会社を設立するのかを検討することになる。外国の会社がインドネシアで直接の営業活動や事業活動を行うのであれば，株式会社を設立する必要がある。他方で，現地において情報収集等を行うことが目的であれば駐在員事務所を設立することも選択肢になる。

　株式会社については，Ⅲ1で詳述し，以下では駐在員事務所について，及び株式会社と駐在員事務所との比較について説明する。

　なお，株式会社及び駐在員事務所以外の事業体としては，組合や有限責任組合（Commanditaire Vennootschap，CV）などがあるが，外国企業は利用できないと考えられることから，説明を省略する。また，過去には銀行などの金融機関が外国企業の支店形式でインドネシアに進出することも行われていたが，新規の進出は認められていないと考えられることから，この点に関する説明も省略する。

(1)　駐在員事務所

　外国企業は，主に以下の3種類の駐在員事務所を設立することができる[1]。

駐在員事務所（Kantor Perwakilan Perusahaan Asing）	外国企業が投資を行う前の調査及び準備を目的とする駐在員事務所
商事駐在員事務所（Kantor Perwakilan Perusahaan Perdagangan Asing）	外国企業がインドネシア企業との間で行う商取引に関して販売促進や市場調査等を行うことを目的とする駐在員事務所
建設駐在員事務所（Kantor Perwakilan Badan Usaha Jasa Konstruksi Asing）	外国の建設会社がインドネシアの建設会社との間でジョイントオペレーションと呼ばれる共同事業を通じて建設工事を行うことが認められた駐在員事務所

20

1 事業体比較

㋐ 駐在員事務所

① 活 動

駐在員事務所は以下の活動を行うことが認められる（2018 年投資調整庁長官規則 6 号 10 条 2 項）。

- インドネシアでの株式会社の設立の準備
- インドネシアにおける関連会社の管理

駐在員事務所はインドネシアにおける活動によって利益をあげることができず，駐在員事務所名義での契約の締結や物の売買又はサービスの提供を行うことはできない。

② 許 認 可

駐在員事務所の設置に関する許可は駐在員事務所が活動を行っている限り，有効である（2018 年投資調整庁長官規則 6 号 10 条 5 項）。

③ そ の 他

駐在員事務所は毎年活動報告を投資調整庁に提出することが求められている。また，駐在員事務所が外国人を 1 名雇用するにつき，インドネシア人を少なくとも 3 名雇用することが，運用上求められている。

㋑ 商事駐在員事務所

① 活 動

商事駐在員事務所は，以下の活動を行うことが認められる。なお，商事駐在員事務所については，2017 年投資調整庁長官規則 13 号が規定を設けていた。2017 年投資調整庁長官規則 13 号は，2018 年投資調整庁長官規則 6 号により廃止されたが，2018 年投資調整庁長官規則 6 号は，商事駐在員事務所について規定していない。そのため商事駐在員事務所に関する取扱いは不明確になっている。

---

1) 他に石油及び天然ガス駐在員事務所（Kantor Perwakilan Perusahaan Asing Minyak dan Gas Bumi）も認められている。

Ⅱ　進　　出

- 商事駐在員事務所を設置した外国の会社が製造した製品の紹介，販売促進，マーケティング，情報提供，使用方法の解説
- 市場調査，インドネシアへの製品輸出に関する情報提供
- 商事駐在員事務所を設置した外国の会社による契約締結のサポート

　商事駐在員事務所は，売買や取引を行うことは認められておらず，商事駐在員事務所名義での契約の締結を行うことはできない。

②　許　認　可

　商事駐在員事務所の設置に関する許可は当初1年間有効であり，その後最長3年間の更新を行うことができると考えられる。

③　そ　の　他

　毎年活動報告を投資調整庁に提出が求められる点及び外国人を1名雇用するにつきインドネシア人を少なくとも3名雇用することが求められている点は，駐在員事務所と同様である。

㈡　建設駐在員事務所

①　活　　動

　建設駐在員事務所は，外国の建設会社がインドネシアにおいて設置する駐在員事務所であり，インドネシアで工事を行うことに関しては株式会社と同様に扱われる。かかる設置許可は3年間有効で，更新も可能であると考えられる。

　建設駐在員事務所は，インドネシアの建設会社と共同事業（ジョイントオペレーション）を組成して，建設工事を行うことができる。

②　ジョイントオペレーション

　ジョイントオペレーションの相手となるインドネシアの建設会社は以下の要件を満たす必要がある（2014年公共事業省規則10号11条）。

- インドネシアの株式会社であること

- インドネシア人，インドネシア資本，インドネシア政府，地方政府，国営企業などが株式 100% を保有していること
- 大規模事業者のカテゴリーの事業者証（Sertifikat Badan Usaha）を保有していること
- 建設業に関する許認可を取得していること

　なお，ジョイントオペレーションとして行う事業は以下の要件を満たす必要がある（2014 年公共事業省規則 10 号 13 条）。

- 対象となる建設工事の契約金額の 50% 以上の作業はインドネシア国内で行わなければならない。
- 対象となる建設工事の契約金額の 30% 以上の作業はインドネシアの建設会社が行わなければならない。

　上記要件は，形式的にジョイントオペレーションを組成しつつ，外国企業のみで，又は外国においてのみ行う事態を防ぎ，実質的にインドネシアの建設会社による関与を確保する趣旨であると思われる。

　ジョイントオペレーションで行うことができる工事は，以下の要件のすべてを満たす必要がある（2014 年公共事業省規則 10 号 12 条 2 項）。

- 高リスク
- 高度な技術
- 高コスト

　高リスクとは，工事の実施において，公共の安全，財産，人命や周辺の環境に危険を及ぼし得る工事をいう（2014 年公共事業省規則 10 号 12 条 3 項）。高度な技術とは，特別な工法，高度な技術を伴う機器，特殊な建機や多くの専門家

Ⅱ　進　　出

を用いる工事をいう（2014 年公共事業省規則 10 号 12 条 4 項）。そして，高コストとは，契約金額が 1000 億ルピア以上になる工事又は 100 億ルピア以上になる計画・監督をいう（2014 年公共事業省規則 10 号 12 条 5 項）。

　上記に該当しない工事については，国内の建設会社に行わせることにより，国内産業の保護を図る趣旨であると思われる。

Column

投資調整庁（BKPM）

　インドネシアの投資調整庁（BKPM）は，外国投資の窓口となる官庁である。

　BKPM は，ジャカルタ以外にも台湾や韓国などにも事務所があり，日本事務所は，東京都千代田区内幸町にある。

　BKPM は，各官庁から外国投資に関する権限の委任を受けているが，金融サービス庁のように BKPM に権限の委任を行っていない官庁も存在する。BKPM に権限の委任を行っていない官庁が管轄する業種については，外国企業が投資を行う場合であっても，BKPM の許認可を取得する必要はなく，当該官庁から許認可を取得することになる。

　BKPM への申請は，以前は BKPM のウェブサイトを通じて行っていたが，2018 年 7 月 9 日からは経済調整省が設置した Online Single Submission（OSS）システムのウェブサイトを通じて行うことになった。しかし，OSS システムは，事前の準備が不十分なまま本番稼働したため，事業許可の申請が受け付けられないなどの混乱が生じた。OSS システム稼働後も，BKPM の外国投資の窓口という位置づけは変わらない見込みである。

---

(2)　株式会社と駐在員事務所の比較

　ここでは，日本企業に選択されることが多い通常の駐在員事務所を前提に解説する。

	株式会社	駐在員事務所
営利活動の可否	可	不可
独立した法人格の有無	あり。現地の株式会社名で契約の締結が可能。	なし。日本本社の一部との位置づけ。契約を締結する場合の契約当事者は日本本社。

24

設立手続き	一般的には投資調整庁からの許認可取得等が必要であり，手続き完了までに相当の時間がかかる。	投資調整庁からの許認可取得が必要であるが，比較的短期間での取得が可能。
出資の要否・出資比率	許認可取得の要件として最低資本金額及び最低投資金額の条件がある。業種によっては外資出資比率に上限がある。	出資金及び最低投資金額は不要。
撤退時の手続き	会社を清算する場合は株主総会決議や税務調査への対応が必要。手続き完了までに長期間要することもある。	比較的短期間での撤退が可能。
外国人の雇用	可能。外国人を雇用するためには一定数のインドネシア人従業員の雇用が条件となる。	可能。外国人を雇用するためには一定数のインドネシア人従業員の雇用が条件となる。

㋐ 営利活動の可否

投資法上，外資による投資は原則として株式会社を設立する方法により行うこととされており，外資が営業活動を行うためには株式会社によることが必要である。駐在員事務所は，その設立の目的が情報収集等とされており，営利活動は認められていない。

㋑ 独立した法人格の有無

インドネシアに設立される株式会社は，株主となる外国の会社（日本本社など）とは独立した法律上の資格を有することになる。現地法人として，売買等の取引の当事者となり，会計処理を行い，税金の申告などを行うことになる。これに対して，駐在員事務所は，外国の会社の一部と位置づけられ，外国の会社から独立して活動することは想定されていない。したがって，駐在員事務所自身は契約の当事者になることはなく，また営利活動を行うことはできないことから，収益を上げることも想定されていない。

㋒ 設立手続き

株式会社の設立は，基本的には会社の定款の作成，資本金の払込み等の厳格

Ⅱ　進　出

に定められた手続きを行うことになる。

　これに対して，駐在員事務所の設立は，法定の手続きが定められているが，独立の法人格を有して事業を行うことは想定されていないので，比較的短期間で設立手続きが完了することが想定される。但し，税務上は，収益を上げていなかったとしても，外国会社による販売促進などに寄与したとされ，法人税を課され得ることに注意する必要がある。

㈑　出資の要否・出資比率

　株式会社を設立するためには出資金の払込みが必要であり，外資企業が設立する場合は25億ルピア以上の最低資本金額の要件が課されることになる（2018年投資調整庁長官規則6号6条3項b）。また，最低資本金額を充足することに加え，100億ルピアの最低投資金額以上の投資を行う必要があり（2018年投資調整庁長官規則6号6条3項a），サービス業などの設備投資を必要としない企業の場合，最低投資金額を充足することに苦慮することも多い。インドネシアにおいては全ての事業分野が外資に開放されている訳ではなく，また開放されている事業分野でも外資出資比率の上限が定められているものもある。

　これに対して，駐在員事務所は事業活動を行うことは想定されていないので，設立に際して出資を行うことは求められておらず，外資出資比率の規制も課されていない。

㈒　撤退時の手続き

　株式会社を設立して事業活動を行っていたものの，事業を終了してインドネシアから撤退する場合，その方法は，会社の株式を譲渡する方法と会社を清算する方法がある。会社を清算する場合は，株主総会決議で会社の解散を決議するなどの会社法上で定められた手続きを行う必要がある。また，会社の清算時には執拗な税務調査が行われることが多く，清算手続きの完了までに長期間を要することがある。

　これに対して，駐在員事務所は独立の法律上の主体とは位置づけられていないこともあり，駐在員事務所の清算は当局への書類の提出と承認を得ることで行われる。手続きの完了までに要する期間は，株式会社の清算と比べると短期

間で終了することが想定される。

(カ) 外国人の雇用

　株式会社と駐在員事務所のいずれにおいても，所定の要件を満たすことにより日本人などの外国人を雇用することができる。但し，駐在員事務所が外国人を雇用するためには，外国人1名につきインドネシア人3名を雇用することが求められるので（商事駐在員事務所につき，2006年商業省規則10/M-DAG/PER/3/2006第12条），例えば，日本人のみで駐在員事務所を運営することは認められない。株式会社の場合，このような数値基準はないものの[2]，外国人を雇用する場合には技能を移転する対象となるインドネシア人を雇用する必要があることから，日本人のみを従業員とすることはできない。

---

[2]　2015年労働省規則16号3条1項は，株式会社について，外国人1名につきインドネシア人10名を雇用することを義務づけていたが，当該規制は，2015年労働省規則35号により廃止された。

Ⅱ　進　出

2　外資規制・販売規制・奨励策

(1)　は じ め に

　インドネシアでの投資を検討する際にまず確認する必要があるのが外資規制
である。想定している業種にそもそも外資企業が投資することができるのか，
投資できるとして投資に制限がないかを確認する必要がある。

　日本では外資規制は，徐々に撤廃されており，現在は航空会社や放送業者な
どの一部の業種についてだけ外資規制が規定されている[3]。しかしながら，イ
ンドネシアでは，未だに広範な業種について外資規制が規定されている。しか
も，近時の経済発展にもかかわらず，一部の業種では外資規制が強化されてい
ることに注意する必要がある。

　自社製品やサービスをどのようにインドネシアで販売していくかは，インド
ネシアに進出した企業にとって重要な問題であるが，外資規制等の規制が入り
交じっていることから，この点についても(3)でまとめて説明することとする。

　インドネシアは，大国意識があり，外国からの投資がなくともよいと考えて
いるためか，他の ASEAN 諸国と比べて，投資優遇策が限られている。そのた
め，日本企業が投資に際して投資優遇を利用できる場合は少ないが，(4)で概要
につき説明する。

(2)　外 資 規 制

　以下では，外資規制の中心であるネガティブリストについて説明した上で，
外資規制に関するいくつかの論点について説明する。

㋐　ネガティブリスト

　投資法 12 条は，政府が大統領令により，外国投資が認められない分野及び
条件付きで外国投資を認める分野を定めることを認めている。この投資法の規

---

3)　日本の航空法 4 条 1 項 4 号，電波法 5 条 1 項 4 号など参照。

28

定に基づき，ネガティブリストが制定されている。ネガティブリストの和訳は，日本貿易振興機構（ジェトロ）のウェッブサイト[4]において公表されている。

① KBLI

ネガティブリストは，インドネシア標準産業分類（Klasifikasi Baku Lapangan Usaha Indonesia，以下，KBLI という）に基づき，外国投資が認められない分野及び条件付きで外国投資を認める分野を定めている。KBLI は，インドネシア中央統計局（Badan Pusat Statistik）が各事業分野毎に5桁の番号を割り振ったものであり[5]，日本の総務省が作成する日本標準産業分類に相当する。

自社で検討している事業が外資規制の対象となっていないかを確認するためには，まず検討している事業の KBLI が何かを確定し，その後当該 KBLI がネガティブリストに規定されていないかを確認する必要がある。しかしながら，KBLI は，400頁近くの大部である上，英訳や和訳は見当たらず，また各業務の境界は必ずしも明らかではない。そのため，検討している事業がどの KBLI に該当するかを確定することは容易ではなく，最終的には外国投資の窓口となるインドネシア投資調整庁（以下，BKPM という）に照会しておくことが無難である。

② 外資企業の範囲

投資法1条8項は，外国，外国籍の個人，外国事業体，外国法人及び資本の一部又はすべてを外国側が有するインドネシア法人の有する資本を外国資本と定義している。そのため，外国企業が1株でもインドネシア法人の株式を保有すると当該インドネシア法人は外資企業とみなされ，外資規制の適用を受ける。

外資企業が株式を保有するインドネシア企業からの投資が外国投資とみなされるかは，投資法からは明らかではないが，BKPM は外国投資に該当すると考えている。そのため，外資規制の適用を免れるためには，インドネシア人がすべての株式を直接的又は間接的に保有する必要がある。

---

4) https://www.jetro.go.jp/ext_images/jfile/country/idn/invest_02/pdfs/idn7A010_kitei.pdf
　 https://www.jetro.go.jp/ext_images/jfile/country/idn/invest_02/pdfs/idn7A020_negativelist.pdf
5) 2015年版の KBLI は，下記の URL で入手できる。http://www.bps.go.id/website/file Menu/Per ka-KBLI-2015.pdf

Ⅱ　進　　出

③　外国投資の条件

　ネガティブリストにおける外国投資に付される条件としては，以下のものが挙げられている。

> - 中小・零細企業，協同組合のために留保される分野
> - パートナーシップが条件付けられる分野
> - 外資比率が制限される分野
> - 地域が限定される分野
> - 特別許可を要する分野
> - 内資 100% に限定される分野
> - 外資比率と地域が限定される分野
> - 特別許可が必要で外資比率が制限される分野
> - 内資 100% に限定され，特別許可が必要な分野
> - ASEAN 諸国の投資家対象の外資比率又は地域が限定される分野

　この内，ASEAN 諸国の投資家対象の外資比率は，2014 年のネガティブリストで初めて規定されたものである。これは，2015 年の ASEAN のサービス分野自由化を念頭に規定されたものと考えられる。ASEAN のサービス分野自由化を定める ASEAN Framework Agreement on Services [6] 6 条において，ASEAN 域外の者が所有又は支配する法人で ASEAN 加盟国で実質的な事業活動に従事していない者については，同合意の適用を否定することができるとされている。この規定からすると，日本企業がシンガポールやタイに設立した法人であっても，当該国において事業活動を行っているのであれば，ASEAN 諸国の投資家対象の外資比率の適用を受けることができるものと考えられる。実務上も，インドネシアの会社設立に際して，BKPM は，法人の株主については，定款及び登記簿謄本しか確認しないため，BKPM が ASEAN 加盟国で実質的な事業活動に従事していないことを理由に ASEAN 諸国の投資家対象の外資比率の適用を拒むことは難しいと考えられる。

---

6)　https://www.asean.org/?static_post=asean-framework-agreement-on-services

④　グランドファーザールール

　直近のネガティブリストは，2016 年に改正されているが，現行のネガティ
ブリストの施行前に承認を受けた投資については，現行のネガティブリストの
内容がより有利なものでない限り，引き続き従前のネガティブリストが適用さ
れる（ネガティブリスト 13 条，いわゆる，グランドファーザールール）。すなわち，
2016 年改正では，いくつかの事業分野において外資規制が強化されているが，
このような分野においても，2016 年改正前に設立された企業については，改
正前のネガティブリストが適用される結果，外国企業保有の株式をインドネシ
ア企業に売却するなどして外資比率を下げる必要はないことになる。

⑤　外資規制違反の効果

　外資企業が株主となっているインドネシア法人は，BKPM から取得するビ
ジネスライセンス（Izin Usaha）などにより，従事する事業が限定されているが，
インドネシア企業のデュー・ディリジェンスを行うと，許可対象とされていな
い事業を実際には行っていることも少なくない。

　投資法 34 条 1 項によれば，法令を遵守しない事業体については，以下の行
政処分が科せられるとされている。

- 書面による警告
- 事業活動の制限
- 事業活動又は投資便宜の凍結
- 事業活動又は投資便宜の取消し

　外資企業が株主となっているインドネシア法人が許可された事業以外の事業
を行っていた場合であっても，実務上は，いきなり事業活動の取消しがなされ
ることはなく，まずは監督官庁から書面による警告がなされ，改善が求められ
るようである。

　外資企業が株主となっているインドネシア法人が既に行っている事業を拡張
するために増資を行う必要があるが，インドネシア企業が増資に参加すること
ができず，外資企業だけが増資を引き受けたために，外資比率が外資規制で定

められた比率を上回ってしまうことがあり得る。例えば，外資比率が67％までに制限されている建設業を営む会社において，外資企業が既に67％を保有しているとする。この会社で新規の建設需要のために増資が必要になった場合，株主であるインドネシア企業が増資を引き受けることができず，外資企業だけが増資に応じると，外資の保有比率が67％を超え，外資規制に違反することになる。しかしながら，この場合には，2年以内に違反状態を解消すればよいとされている（ネガティブリスト10条）。合弁会社において起きる可能性がある事態であるが，この例外はあまり利用されていないため，実際に利用する場合には，BKPMなどの所轄官庁に慎重に確認しておく必要がある。

㈠　ベンチャー・キャピタル

　外国企業が外資規制によりインドネシアへの投資が制限されている場合であっても，ベンチャー・キャピタルを利用できる可能性がある。

　ネガティブリストによれば，外国企業は，ベンチャー・キャピタルに85％まで出資することができる。外国企業がインドネシア企業に出資している場合，通常は当該インドネシア企業からの出資は外国投資として扱われ，外資規制が適用される。この点，2017年投資調整庁長官規則13号は以下の規定を設けていた。

> - ベンチャー・キャピタルの場合，たとえ外国企業が株主となっていた場合であっても，内国投資とみなされる（同15条2項）。
> - ベンチャー・キャピタルは，取得した株式を10年以内に処分する必要がある。但し，この期間は，最長10年間の延長が可能である（同15条3項・4項）。

　2017年投資調整庁長官規則13号は，2018年投資調整庁長官規則6号により廃止されたが，2018年投資調整庁長官規則6号では，ベンチャー・キャピタルについての規定は設けられていない。2017年投資調整庁長官規則13号の定めていた取扱いが依然として維持されているか不明確である。

　また，ベンチャー・キャピタルによる投資は，以下の要件のいずれかを充足

する必要がある（ベンチャー・キャピタル会社に関する 2012 年財務大臣規則 18 号 3
条）。

- 新発明の促進
- 経済的困難に直面している初期段階の会社の発展
- 拡張期の会社の支援
- 減退期にある会社の支援
- 研究及び工学プロジェクトの発展
- 新規技術の適用並びに国内及び海外からの移転の促進
- 支配権の移転の支援

　外資規制により外国企業による投資が制限されている場合に，ベンチャー・
キャピタルを利用している実例もあるようであるが，上記の要件を充足できる
かを慎重に検討する必要がある。

㋒　上場会社

　ネガティブリストは外国投資が認められない分野及び条件付きで外国投資を
認める分野を定めているが，インドネシアの証券取引所に上場している上場会
社については，例外が認められ得る。具体的には，上場会社の定款に外国企業
が株主として規定されていない場合には，外資規制の適用は受けないと取り扱
われている。定款に記載される株主は主に設立時の株主であり，その後株主の
変更により外国企業が上場会社の株主となったとしても，外国企業が定款に株
主として規定されることは通常ない。そのため，投資対象のインドネシア企業
の株式がジャカルタ証券取引所において上場しているのであれば，たとえ当該
企業の事業が外資規制の対象となっていたとしても，外資企業が出資できると
考えられる。

　但し，当然のことではあるが，上場を行う場合には，ジャカルタ証券取引所
の審査もあり，費用も時間も掛かる。また，上場企業が BKPM 以外の官庁の
管轄にある場合，当該官庁が外資規制について上記とは異なる見解を取り，外
資規制違反を主張してくる可能性もある。

Ⅱ　進　出

　以上の制約はあるものの，外資規制により外国企業による投資が制限されている場合，対象会社を上場させることも一つの選択肢となり得る。

㈑　無議決権株式の利用

　ネガティブリストにより，外国企業が多数株主となることができない場合（外国企業の出資が49%までに制限されている場合など），インドネシア企業に無議決権株式を持たせることがあり得る。

　会社法53条4項は，議決権の有無，取締役の指名権，配当受領権などについて異なる種類の株式を発行することを認めており，無議決権株式を発行することも認めている。

　ネガティブリストが外資企業の株式保有比率に上限を設けている場合，この比率が保有株式数により計算されるのか，それとも議決権数により計算されるのかは明確ではないが，BKPMは，出資した金額ベースで計算されるものと考えているようである。そのため，例えば外国企業の株式保有比率が49%に制限されている場合，インドネシア企業が行った51%相当の出資の対価として取得する株式の一部を無議決権株式とすることで，ネガティブリストを充足しつつ，外国企業が過半数の議決権を握ることが可能となる。

　無議決権株式を利用した外資規制への対応は，他のASEAN諸国では見られるものの，インドネシアではあまり見られない。しかしながら，外資規制が厳格化していることから，無議決権株式の利用を検討する事例も出てきている。但し，無議決権株式の利用を通じて外資規制を潜脱しているとされないよう，慎重な検討が必要となる。

㈒　転　換　社　債

　ネガティブリストにより，外国企業による投資が禁止又は制限されており，融資の形でしか資金を提供することができないが，融資した事業のアップサイドも得たいのであれば，インドネシア法人が発行する転換社債を取得することも考えられる。

　会社法43条3号bは，株主総会の承認を得て発行された転換社債その他の株式に転換可能な証券の所有者に対して株式を発行する場合，株主に先買権は

34

ない旨規定しており，インドネシア法人が転換社債を発行することができることを前提としている。実務上も，数は多くないものの，インドネシア法人による転換社債発行の実例はあるようである。

　転換社債を取得しただけの段階では，株式を保有していないことから，外資規制は問題とならない。そのため，外国企業による投資が禁止又は制限されている事業を営む会社が発行した転換社債を外国企業が取得することも可能である。但し，外国企業が転換権を行使して株式を取得する際には，外資規制が問題となる。そのため，転換社債を取得した外国企業は，実際上は，インドネシア法人に転換社債を売却して，投下資本の回収及びアップサイドの取得を図らなければならない場合が多いであろう。

㋕　ノミニー規制

　ネガティブリストが厳しい外資規制を定めていることから，いわゆるノミニーを利用するなど，外資規制を潜脱するスキームを利用している会社もあるようである。例えば，インドネシア人に融資して外資企業が投資できない事業を行うインドネシア法人を設立させた上，インドネシア人が取得した株式に担保権を設定する，議決権行使に関する包括的な委任状を出させるなどの方法によって，外資企業が実質的にインドネシア企業を支配することがあり得る。

　投資法制定以前はノミニーを利用した投資を禁止する明文はなく，ノミニーを利用する外国企業も多かったようである。しかしながら，2007 年に制定された投資法は，このような外資規制の潜脱行為を禁止した。すなわち，投資法33 条は，他人の名義で株式を所有することを定めた契約の作成を禁止しており，このような契約は法的に無効とされている。但し，投資法 33 条に違反した場合の罰則は定められていない。2007 年の投資法制定以降は，ノミニーを利用した投資は減少したものと思われる。

　上記のベンチャー・キャピタル，ジャカルタ証券取引所への上場や無議決権株式などを利用する場合，外資規制の潜脱とみなされないようにする必要がある。

Ⅱ　進　　出

Column

ノミニーに関する紛争

　ノミニーに関する契約は，投資法により無効とされていることから，ノミニーに関する争いが裁判などで争われることは少ない。数少ない例の一つとして，英国の石炭会社である Churchill Mining PLC がインドネシア政府を相手方として投資紛争解決国際センター（International Centre for Settlement of Investment Disputes, ICSID）に申し立てた投資仲裁がある。

　投資仲裁の管轄に関する判断などによれば，Churchill 社が 95% を保有するインドネシア法人 A は，石炭鉱区に関する権益を保有するインドネシア法人 B などとの間で，インドネシア法人 A が石炭事業を実行する代わりにインドネシア法人 B が収益の 75% を支払う Cooperation Agreement，インドネシア法人 B などの株式譲渡に関する支配権をインドネシア法人 A に与える Investors Agreement，及び両契約の履行を担保する株式質権設定契約を締結していた。しかしながら，インドネシア法人 B が保有していた石炭鉱区に関する権益は，書類偽造などを理由として取り消された。インドネシア法人 B などは，権益取消しの撤回を求めてインドネシアの裁判所で裁判を行ったが，インドネシア最高裁判所は，権益取消の撤回を認めなかった。そのため，Churchill 社は，約 10 億ドルの損害賠償を求めて，ICSID に投資仲裁を申し立てた。

　インドネシア政府の主張はいくつかあるが，そのうちの一つが，Churchill 社は上記の Cooperation Agreement，Investors Agreement や株式質権設定契約などを通じて，インドネシア法人 B の株式を実質的に所有しており，投資法に違反するというものである。

　仲裁廷は，Churchill 社が 2006 年に BKPM からビジネスライセンスを取得していたことから 2007 年に制定された投資法の適用を受けないことなどを理由にインドネシア政府の投資法違反の主張を否定し，Churchill 社の申立について管轄を有することを認めた[7]。但し，Churchill 社が提出した主要な証拠が偽造されたものであることを理由に，最終的には Churchill 社の申立を棄却している[8]。

　なお，インドネシア政府は，本件のような投資仲裁が相次ぐことを避けるため，60 カ国以上の国との間の投資協定を破棄すると報じられている[9]。

---

7)　https://www.italaw.com/sites/default/files/case-documents/italaw3103.pdf

8)　https://www.italaw.com/sites/default/files/case-documents/italaw7893.pdf

9)　2014 年 3 月 27 日付け Financial Times.

㈱　株式売却義務

外資規制と直接の関係はないが，外資規制に類似するものとして，株式売却義務（ダイベストメント義務）についても，併せて説明する。

現行の投資法は，外国投資が認められない分野及び条件付きで外国投資を認める分野に該当しない限り，外資企業が 100% の株式を保有することを認めている。

しかしながら，現行の投資法制定時に廃止された外国直接投資に関する 1967 年法律 1 号（以下「旧投資法」という）27 条は，外国企業が 100% の株式を保有するインドネシア企業について，政府の定めるところに従い，インドネシア資本による資本参加の機会を付与すべき旨規定している。旧投資法に基づき制定された外国投資の枠組みで設立された会社の株主所有に関する 1994 年政府規則 20 号 7 条 1 項は，外国企業がインドネシア企業の 100% の株式を保有する場合，営業開始後 15 年以内のインドネシア資本への株式譲渡を義務づけていた。

インドネシア企業のデュー・ディリジェンスを行うと，BKPM からの投資許可にこの営業開始後 15 年以内のインドネシア資本への株式譲渡が規定されていることがままある。この点，2017 年投資調整庁長官規則 13 号は，以下の規定を定めていた。

- 株式譲渡義務が定められている場合，現行投資法によって外資企業による 100% の株式保有が認められていたとしても，インドネシア資本への株式譲渡を行う必要がある（同 16 条 1 項）。
- 譲渡する株式数に制約はないが，1000 万ルピア以上の株式をインドネシア資本に譲渡しなければならない（同 16 条 3 項）。
- 株式売却義務の免除も認められる（同 16 条 6 項）。
- インドネシア資本に譲渡した株式を外国企業が所定の手続を経て買い戻すこともできる（同 16 条 5 項）。

2017 年投資調整庁長官規則 13 号は，2018 年投資調整庁長官規則 6 号により廃止されたが，2018 年投資調整庁長官規則 6 号では，株式譲渡義務に関す

る規定は設けられていない。2017年投資調整庁長官規則13号の定めていた取扱いが依然として維持されているか不明確である。

現行投資法制定以前に設立されたインドネシア現地法人を有する企業は，この株式売却義務により保有株式のインドネシア資本への売却が必要となる可能性があることに留意する必要がある。

なお，業種によっては，依然として株式売却義務が定められていることに注意する必要がある。例えば，鉱業ライセンス（Izin Usaha Pertambangan）や特別鉱業ライセンス（Izin Usaha Pertambangan Khusus）を保有するインドネシア法人の株主が外国企業の場合，外国企業は，生産開始後5年後から株式のインドネシア資本への売却を始め，10年後には49％まで外国企業の保有比率を減少させなければならないとされている（2017年政令1号による改正後の鉱物及び石炭採掘事業活動の実施に関する2010年政令23号97条）。

(3) 販売規制（代理店規制を含む）

インドネシアで物やサービスを販売する方法としては，㋐インドネシア現地法人で小売りを行う，㋑インドネシアの販売業者を利用し，インドネシア現地法人は卸売りだけを行う，㋒インドネシア企業をフランチャイジーとして，フランチャイズ展開することなどが考えられる。以下各々に関する外資規制その他の規制について説明する。

㋐ 小売り（Perdagangan eceran）

他のASEAN各国と同様に，インドネシアでも小売りは外資規制の対象となっている。ネガティブリストによれば，小売りはインドネシア資本100％のインドネシア法人に限って認められている。インターネットを通じたEコマース（マーケット・プレイス型）については，2016年のネガティブリストの改正により，投資額が1000億ルピアを超える場合は外資に100％開放されることとなった。

ネガティブリスト上，大規模小売りについては外資規制の対象となっていない。すなわち，売り場面積400㎡以上のコンビニエンス・ストアなどのミニマーケット，売り場面積1200㎡以上のスーパーマーケット及び売り場面積

2000 ㎡以上のデパートは，ネガティブリストの対象とはされておらず，外資企業が 100% の株式を保有することができる。

　また，工場を運営する会社については，自社製品の小売りが認められる可能性がある。すなわち，商業セクターにおける外国事業活動の終了に関する2016 年商業省規則 22 号（22/M-DAG/PER/3/2016）22 条によれば，製造業者が他の製造業者に対して，代理店や販売店を通すことなく，原料や部品を販売することを認めている。

　輸入した物を販売する輸入業者は，ネガティブリストの対象とされていないことから，外国企業が 100% の様式を保有するインドネシア法人が輸入業者になることも可能である。しかしながら，輸入業者が輸入した物品を最終消費者に直接販売することはできない。

(イ)　卸 売 り
①　卸売業の範囲
　卸売業者は，商品を直接消費者に販売することは禁止されており，他の卸売業者や小売り業者などに商品を販売しなければならない（2016 年商業省規則 22号 19 条 1 項）。

　2014 年のネガティブリストの改正により，卸売業（Distributor）については，外国企業の株式保有が 33% までに制限されたが，規制緩和の要請を受けて，2016 年のネガティブリストの改正により 67% まで引き上げられた。さらに，「生産と関連のある卸売業」については外資に 100% 開放されたが，「生産と関連のある卸売業」の定義はネガティブリストに明示的には規定されておらず，その範囲は明確ではない。なお，上記(ア)のとおり，輸入した物品だけを卸売業者に販売することは卸売業ではなく輸入業に該当し，外国企業が 100% の株式を保有するインドネシア法人が行うことも可能と考えられる。
②　代理店規制
　外国企業が株主となっている卸売業者については，インドネシア企業を代理店（agen）や販売店（distributor）として利用する必要があることから物及びサービスの代理店又は販売店の登録証明書の発行の規定及び手続きに関する2006 年商業省規則 11 号（以下「代理店規則」という）5 条，外資規制とは別に

Ⅱ　進　出

代理店規制が及ぶ。

代理店規則によれば，代理店及び販売店を指定する契約締結に際しては，商業省への登録及び商業省からの登録証明書（Surat Tanda Pendaftaran）の発行が必要とされている（代理店規則2条）。代理店及

クリーン・ブレイク・レターの要否

新規代理店等 元の代理店等	独占的	非独占的
独占的	必要	必要
非独占的	必要	不要

び販売店は，独占的，非独占的のいずれとすることも可能である。登録は，最長2年間まで有効であり（代理店規則16条1項），更新も可能である。

代理店や販売店を指定する契約は，継続的契約の典型であり，代理店や販売店が契約の継続を期待して顧客獲得のために投資を行うことから，契約の解消に関して紛争が生じる可能性が高い。インドネシアでも代理店や販売店変更時に紛争が生じていることが多い。例えば，英蘭系日用品大手のユニリーバ・インドネシアが流通業者4社に対する契約を一方的に打ち切ったとして，156億ルピアの損害賠償の支払を命じられている[10]。

代理店規則上，独占的な代理店又は販売店契約を解約して，新たに代理店や販売店を登録する場合，及び非独占的な代理店又は販売店契約を解約して，新たに独占的な代理店や販売店を登録する場合には，元の代理店や販売店との間で問題がないことを示すクリーン・ブレイク・レターを取得する必要がある（代理店規則22条4項・5項）。代理店や販売店と紛争となった場合には，代理店や販売店がこのクリーン・ブレイク・レターを出さないことを交渉材料として利用してくることになる。

元の代理店や販売店が解約に納得せず，クリーン・ブレイク・レターを出さない場合であっても，解約から3ヶ月間経過し，その間クリーン・ブレイク・レター取得の努力が継続していた場合には，元の代理店や販売店の登録が無効とされ，新規の代理店や販売店の登録を行うことができる。しかしながら，3ヶ月間営業が休止することの影響は大きいであろう。

---

10)　The Daily NNA インドネシア版 2014 年 7 月 7 日号。

㈡　フランチャイズ

①　外 資 規 制

　フランチャイザーとフランチャイジーとの間には契約上の関係しかないため，外資企業による投資が制限されている小売業などについても，フランチャイズ（waralaba）形態でインドネシア市場に進出することは可能である。但し，以下で説明するフランチャイズに関する諸規則を遵守する必要がある。

②　フランチャイズ規制

　インドネシアでフランチャイズを行う場合，フランチャイザーは，商業省に登録を行い，フランチャイズ登録証明書（Surat Tanda Pendaftaran Waralaba）を取得する必要がある。フランチャイジーも地方自治体などで登録を行い，フランチャイズ登録証明書（Surat Tanda Pendaftaran Waralaba）を取得する必要がある。

　レストラン，バー，カフェなどの飲食店をフランチャイズで行う場合，フランチャイズの店舗数は，最大250店に制限されている。また，原料の最低80%をインドネシア産とする必要もある。

　フランチャイザーがフランチャイジーとの契約満了前に一方的に契約を解約した場合，フランチャイザーは，フランチャイジーから紛争解決を示すクリーン・ブレイク・レターを取得するか，又は裁判所から解約に関する確定判決を得るまで，当該地域で新たに別のフランチャイジーを指名することができない。

(4)　外資に対する奨励

　インドネシアは，他のASEAN諸国に比べて外国投資に対する奨励措置は限られているが，下記の措置が認められている。

㈠　法人税の軽減

　一定の業種や地域への投資を促進するために，税制優遇措置が定められている（2015年政令96号2条）。

Ⅱ　進　　出

優遇措置として，以下のことが挙げられる。

- 一定金額を課税所得から控除
- 加速度償却
- 配当に関する税率の軽減
- 繰越欠損金の繰越期間の 5 年から 10 年の延長

㈦　タックス・ホリデー

　以下の要件を充足する場合，投資計画の金額に応じて商業生産開始から 5 年以上 20 年以下の期間，法人税が免除される（2018 年投資調整庁長官規則 5 号 2 条）。

- パイオニア産業に関する投資であること。パイオニア産業とは，基礎金属業，石油精製業及び石油及び天然ガスから製造される基礎有機化学物質に関する産業，機械製造業，再生可能資源分野の産業，通信機器産業などの 17 産業を指す。
- 新規投資額が 5000 億ルピア以上であること。

3 駐在員の派遣（査証，在留資格，労働許可等）

⑴ ビ ザ

ビザとは，国が外国人に対して，自国への入国を許容するものである。もっとも，入国を保証するものではなく，最終的には入国管理担当官の裁量的な判断により入国の可否が決定されることになる。

移民法（2011年法律6号）によれば，インドネシアに入国する際のビザには以下のものがある（移民法34条）。

（i）外交ビザ
（ii）公用ビザ
（iii）訪問ビザ
（iv）一時滞在ビザ

民間人がインドネシアに入国するためには，(iii)訪問ビザ又は(iv)一時滞在ビザを取得することになる。(iii)訪問ビザには，①シングルエントリー訪問ビザ，②マルチエントリー訪問ビザ及び③到着ビザの3種類がある（2016年法務人権大臣規則24号5条）。

㋐ シングルエントリー訪問ビザ

インドネシアへの訪問目的が，観光，社会文化訪問（親族・社会文化団体・教育機関訪問，学会出席），商談（会社訪問や会議出席等で就労を伴わないもの），政府用務である場合に認められる。なお，工場訪問は不可とされている。有効期間は，60日とされている。

㋑ マルチエントリー訪問ビザ

インドネシアへの訪問目的が，社会文化訪問（親族・社会文化団体・教育機関

Ⅱ　進　出

訪問，学会出席），商談（会社訪問や会議出席等で就労を伴わないもの），政府用務である場合に認められる。なお，工場訪問は不可とされている。1年の間にインドネシアを複数回訪問するような用途に利用され，1回の訪問は最長60日である。

㋑　到着ビザ

　インドネシアへの訪問目的が，観光，社会文化訪問（親族・社会文化団体・教育機関訪問，学会出席），商談（会社訪問や会議出席等で就労を伴わないもの），政府用務である場合に認められる[11]。インドネシアの主な国際空港や港に到着した際に取得することができる。有効期間は30日である。

　以下の手続きにより1回に限り到着ビザの延長が可能である。

- インドネシア国内の出入管理局事務所において，延長申請書を提出する。
- 必要書類は，パスポート及びそのコピー，取得した到着ビザのコピーである。所定の手数料が必要になる。また，申請人本人の出頭と可能な限り滞在期限の7日前までに申請することが要請されている。但し，到着ビザを他のビザに変更することはできないとされている。

㋒　訪問ビザの免除

　2015年大統領令によって，日本を含む指定国から観光目的でインドネシアに入国する者に対して訪問ビザの免除措置が導入された。入国目的が観光であることが条件であり，また滞在期間は最長30日である。

㋓　一時滞在ビザ

　就労・工場訪問・技術指導，親族との同居，留学，調査・研究などを目的として認められる。滞在可能日数は最長2年である。

　その他，高齢者一時滞在ビザ，取材／撮影ビザなどがある。

---

11)　許容される活動内容はシングルエントリー訪問ビザと類似しているが，詳細は具体的な活動に応じて確認が必要である。

(2) 居住許可

　一時滞在ビザを取得して入国した場合，インドネシアに滞在するために一時
居住許可を取得する必要がある。一時居住許可は電子化されており，一時居住
許可を証明する書面（KITAS）の発行は廃止された。

(3) 外国人の就労

　外国人がインドネシアで就労するためには，外国人本人が就労に必要なビザ
を取得するのみでなく，使用者側で外国人を雇用するための許認可を取得する
ことが必要である。また，外国人はインドネシア人では提供することができな
い技能を提供することを目的として就労が認められており，外国人の就労が認
められる役職には一定の制限がある。

　外国人による就労許可取得の手続きは概ね以下のとおりである。

> (i) 外国人労働者雇用計画書（RPTKA）への承認取得
> (ii) 外国人労働者利用補償基金（DKPTKA）の支払
> (iii) ビザ発給
> (iv) 一時居住許可の取得

　外国人労働者雇用計画書は，使用者がどのような外国人をどのような理由で
雇用するかを定める計画書であり，使用者による外国人雇用のための枠取りと
して機能するものである。外国人労働者雇用計画書には，通常のものの他に，
一時的業務のための外国人労働者雇用計画書と緊急性を有する業務のための外
国人労働者雇用計画書がある。緊急性を有する業務のための外国人労働者雇用
計画書の対象となる業務には，機械又は生産設備の故障に対する対応業務も含
まれている。

　外国人を雇用することの対価として使用者は，外国人1人の雇用につき月
額100米ドルを，外国人労働者利用補償基金に対して支払う必要がある。

　なお，外国人雇用許可（IMTA）は，2018年労働大臣規則10号により廃止

Ⅱ　進　　出

された。

⑷　論　点

㈠　到着ビザでの就労

　上記のようにシングルエントリー訪問ビザ，マルチエントリー訪問ビザ及び到着ビザではインドネシア国内で就労することはできない。例えば，日系企業のインドネシア子会社が工場に保有する製造機械が故障した場合に親会社の従業員が機械の修理を行う場合は，就労ビザを取得する必要がある。しかしながら，就労ビザを取得するためには一定の期間が必要となるので，早期に修理を行うために，到着ビザでインドネシアに入国して，工場の機械の修理を行う事例も一部にはあると言われている。もっとも，このような行為は入国管理規則に抵触することになるので，行わないようにする必要がある。なお，法務人権省の高官が，到着ビザで就労する外国人が急増しており監視を強化する方針を表明したとの報道もあるので[12]，特に注意が必要である。機械類の故障への対応としては，緊急性を有する業務のための外国人労働者雇用計画書を取得して，それに基づく就労許可を取得することが想定されている。

㈡　非居住取締役による就労許可取得の要否

　日本企業がインドネシアに現地法人を有する場合，日本の本社において当該事業を担当する者が現地法人の取締役を兼ねるケースもある。そのような日本に居住しながら現地法人の取締役に就任する者は，通常は日本で本社業務を行いながら，現地からの報告や情報を基に現地法人の業務についても指示や対応を行うことが多いと思われる。

　このようにインドネシアに居住せず日本で執務する取締役についても就労許可を取得する必要があるかについて議論となっている。なお，インドネシア会社法上は，取締役について常勤と非常勤の区別はされておらず，また社外取締役という制度も採用されていないので，取締役は全員区別なく同等の取扱いがされている。

---

12)　2014 年 10 月 24 日付けじゃかるた新聞。

この点，従来から非居住取締役については，就労許可を取得しない運用が一般的であったが，2015 年に制定された労働大臣規則 16 号 37 条は，非居住取締役についても同規則制定当時外国人が就労する場合に必要とされていた雇用許可を取得することを義務づけていた。しかしながら，従来の実務では，雇用許可を取得すると，併せてインドネシアへの滞在許可を取得し，さらには納税者番号（NPWP）も取得することが通常の取扱いとされていたことから，雇用許可を取得すると納税者番号も取得することになり，非居住取締役もインドネシアにおいて税務申告が必要になるのではないかとの問題点が指摘されていた。

　結局，非居住取締役についても雇用許可の取得を求めることは，多国籍企業のインドネシア現地法人で執務する取締役の選任に支障が出る等の批判が強く，同年に制定された 2015 年労働大臣規則 35 号により 2015 年労働大臣規則 16 号 37 条は削除された。かかる経緯からすると，非居住取締役が就労許可を取得する必要はないと解される。

Ⅱ　進　出

4　不動産の取得

⑴　は じ め に

　不動産に関する法制は，親族・相続に関する法制と並んで国毎の多様性が大きい分野である。インドネシアも例外ではなく，日本の常識が通用しないことも多々ある。

　例えば，日本では，明治政府の行った地租改正により各土地の所有者が確定されているため，いずれかの者が土地の所有権を有することが当然となっている。しかしながら，インドネシアでは，地租改正に相当する土地制度改革は行われておらず，多くの土地について後述の所有権（hak milik）を有する者がいない。インドネシア人は，所有権以外の建設権などの権利を保有する場合であっても，土地を所有（英語で「own」）しているとすることが多いことに注意する必要がある。

　インドネシアの不動産法制全体を概説することは到底できないため，以下では日本企業の進出で問題となる点を中心に説明することとする。

⑵　インドネシア憲法

　不動産に関する権利関係の原則は，インドネシア憲法に定められている。インドネシア憲法33条3項は，国家が土地，水及び天然資源を管理し，人民を最大限繁栄させるためにこれを利用するとしている。そのため，私人が土地上にいかなる権利を持っていたとしても，国家が管理する土地であることに変わりはない。

　国家が管理する土地とは，国有地とは意味が異なることに注意する必要がある。そもそも所有権（hak milik）を保有することができるのは，インドネシア人か一定の法人に限られており，インドネシア政府は所有権を保有することはできない。そのため，日本のような国家が所有する土地という意味での国有地はインドネシアには存在しない。

　インドネシア憲法33条は，抽象的な規定であり，具体的な内容は解釈に委

ねられているが，裁判において実際に同条が利用されていることに注意が必要である。例えば，インドネシア憲法裁判所は，石油及びガスに関する法律（2001 年法律 22 号）がインドネシア憲法 33 条に違反していることを理由に無効と判断し，政府機関である石油・天然ガス上流政策実施機関（Badan Pelaksana Minyak dan Gas）が解散させられている。

(3) 農業基本法

インドネシア憲法の原則を踏まえて，不動産に関する具体的な権利が法律で規定されている。

インドネシアの不動産に関する基本的な法律は，農業基本法（1960 年法律 5 号）（以下「農業基本法」という）である。農業基本法 16 条 1 項は，不動産に関する権利として以下のものを規定している。

農業基本法上の権利	
所有権（hak milik）	土地について保有することができる最も強力で完全な権利
事業権（hak guna usaha）	農業，漁業又は畜産のために土地上で耕作を行う権利
建設権（hak guna bangunan）	土地上に建物を建設し，保有する権利
使用権（hak pakai）	土地を利用又は生産物を収受する権利
借地権（hak sewa）	他人が所有する土地上に，賃料の支払と引換に建物を建設する権利
開墾権（hak membuka tanah）	土地を開墾する権利
林産物採集権（hak memungut hasil hutan）	土地上の林産物を収集する権利
その他法令によって定められる権利	

インドネシアでは，所有権は，インドネシア国籍だけを保有する自然人にしか原則として認められない（農業基本法 21 条 1 項・4 項）。インドネシア国籍を要求することで，旧宗主国であるオランダ人が土地を所有することができないようにしている。また，二重国籍の者による土地所有の禁止という点は，中華人民共和国とインドネシアとの二重国籍を有する華僑を想定している。農業基本法では，中華人民共和国との二重国籍を有するインドネシア人が中華人民共

Ⅱ　進　　出

和国の国籍を放棄した場合には，インドネシア国籍だけを保有する者となることが明記されており（農業基本法54条），華僑に中華人民共和国国籍を放棄することを促すものとなっている。

　日本企業がインドネシアに進出する場合，現地法人が不動産に関する権利を保有することになるが，現地法人は自然人ではないため，所有権を保有することはできない。外資系企業は，建設権又は利用権を保有することが多いことから，建設権及び利用権を中心に説明する。

> **Column**
>
> ### インドネシアにおける華僑
>
> 　中国出身のインドネシア人は，インドネシアの総人口の3%に過ぎないが[13]，経済面では重要な地位を占めており，華僑系の財閥に属する企業が日本企業の合弁パートナーなどになることも多い。法律事務所でも，ビジネス分野を専門とする弁護士を中心に中国系インドネシア人の弁護士が多数存在する。
>
> 　他国と比べた場合のインドネシアの華僑の特徴は，中国語が話せない者が多いという点にある。スハルト政権下において中国語の使用が禁止されていたことから，筆者の周りの中国系インドネシア人に聞いても，親の世代は中国語を話していたが，自分は話せないという者が多い。

　インドネシアの不動産に関する特徴の一つは，法令などに反しない限り慣習法の適用があるとされている点である（農業基本法3条・5条など）。例えば，村落などの共同体から不動産を取得する場合に，慣習法が問題となる。筆者らが担当した案件でも，不動産の売主や買収対象会社が共同体がもともと保有していた不動産を取得していたことがある。この場合，売主が適法に不動産に関する権利を保有しているかを確認するためには，慣習法に基づく手続きが履行されているかを調べる必要があるが，成文法ではない慣習法を調べることは容易ではなく，現地法律事務所に依頼することが望ましい。

13）　株式会社国際協力銀行「インドネシアの投資環境」（2017年）2頁。

(4) 建 設 権

㋐ 建設権の内容

　建設権は，最長30年間にわたって，土地上に建物を建設し保有することができる権利である（農業基本法35条1項）。存続期間は，最長20年間延長することができる。更に，50年の経過後，30年間の更新が認められている。建設権は譲渡することができ，また建設権上に抵当権を設定することもできる。

　建設権は，インドネシア人以外にもインドネシア法に基づき設立された法人も取得することができる（農業基本法36条1項）。そのため，日本企業の現地法人が土地に関する権利を保有するために頻繁に用いられている。

㋑ 建設権取得手続き

① 　デュー・ディリジェンス

　建設権を取得する際には，売主が適法に権利を有しているかの確認，いわゆるデュー・ディリジェンスを行うことが多い。

　インドネシアの場合，不動産に関する権利の登記はあるものの，どの登記が購入しようとしている土地に関するものかを判別することは事実上困難である。そのため，不動産に関するデュー・ディリジェンスは，売主から不動産の権利に関する証明書を提出してもらい，この証明書を確認することで行っている。この場合，理論的には，売主が提出した証明書が最新のものではない場合や証明書が偽造又は変造されている場合が考えられる。実際に筆者らが担当した案件では，不動産に関する権利を保有していると主張するインドネシア人が抵当権設定前の証明書を提出してきて，後日抵当権設定が判明したことがある。

② 　不動産売買契約の締結

　不動産の売買代金など主要条件について合意に達した場合，不動産売買契約を締結することになる。インドネシアにおける契約一般の問題に加えて，不動産売買契約に関しては土壌汚染に関するリスクをどのように分担するのかも問題となる。

　日本の場合，土壌汚染対策法（平成14年法律53号）が制定されており，都道府県知事は，土地の汚染による人の健康に係る被害を防止するため必要な限度

において，土地の所有者等に対して，土地の汚染の除去等の措置を講ずべきことを指示することができるとされている（日本の土壌汚染対策法7条1項）。土地の所有者以外に汚染原因者がいた場合に土地の所有者と汚染原因者のいずれに対して土地の汚染の除去等の措置を講ずる命令がなされるかについては，土地の売却時の契約などを考慮して決められるとされており（日本の土壌汚染対策法7条1項ただし書き）[14]，不動産売買契約次第では，自己が購入する以前から存在していた土壌汚染の責任を土地の所有者が負担せざるを得なくなる場合がある。汚染除去費用は高額になることもあるため，誰がどのような範囲で土壌汚染の責任を負担するかは，日本の不動産取引における重要な交渉事項となっている。

　この点インドネシアでは，土壌汚染対策法に相当する法律は定められていない。すなわち，土壌を汚染した者が土壌汚染に関する責任を負担することになる。反対に，土壌を汚染していない土地の権利者は，たとえ自分が保有している土地で土壌汚染が発見されたとしても，自分が汚染したのでなければ土壌汚染の責任を負わない。そのため，土壌汚染に関する契約規定を設けておく必要性は日本に比べれば低い。但し，今後インドネシアでも土壌汚染に関する法律が制定される可能性はあるので，土地の利用方法などから土壌汚染が疑われる場合には，環境コンサルタントを起用して，土壌汚染に関する調査を行うことを検討すべきであろう。

③　不動産登記及び分筆

　工業団地のように郊外の土地を取得する案件を担当すると，土地の全部又は一部の登記がなされていない場合がままある。この場合，一旦土地の登記を行った上，建設権取得の登記を行う必要がある。また，土地の登記が行われていたとしても，登記されている土地全部に関する建設権を取得しない場合には，分筆を行う必要がある。

　未登記の土地の登記及び分筆のいずれについても数ヶ月，場合によっては1年以上の期間がかかる。そのため，土地の引渡しを事前に行った上，登記の移転については，後日準備が整い次第行う場合もある。この場合，建設権取得の

14）「土壌汚染対策法の一部を改正する法律による改正後の土壌汚染対策法の施行について」（平成22年3月5日付け環水大土100305002号環境省水・大気環境局長通知）4 1（6）①参照。

登記がなされるまでは，売主が不動産売買契約に違反して第三者に権利を譲渡
してしまうリスクや売主が倒産するリスクがあるが，法的にこのリスクに対処
することは難しい。不動産代金の一部の支払を後述の譲渡証書作成時に行うよ
うにするとともに，信用できる売主から建設権を取得するようにするしかない。

④　税金の支払

　土地に関する権利移転の登記を行う前に，売主及び買主は，それぞれ所得税
及び名義変更料を納付する必要がある。

⑤　譲渡証書の作成及び登記

　不動産譲渡に関する登記の準備が完了した後，公証人の下で譲渡証書（Acta
Jual Beli）を作成することになる。譲渡証書は，案件次第であるが，不動産に
関する権利の移転などを記載した簡潔な内容のものが多い。

　譲渡証書作成後，公証人を通じて国家土地局で名義変更手続きを行う。

(5)　利 用 権

　利用権は，国が管理する土地又は他人が所有する土地を利用又は生産物を収
受することができる権利である（農業基本法41条1項）。存続期間は，最長25
年間で，最長20年間延長することができる。

　利用権は，建設権と異なり，外国人や外国法人も保有することができる（農
業基本法42条）。但し，外国人が利用権を取得する場合には，インドネシアに
居住する必要があり，外国法人の場合も代表者がインドネシアに居住している
必要がある。利用権と建設権との間には存続期間の点を除き，特段の相違があ
るわけではない。しかしながら，銀行が担保を設定する場合に利用権よりも建
設権を好むなどの理由から，利用権よりも建設権の方が利用されているようで
ある。

(6)　抵 当 権

　不動産に関する権利に担保を設定する場合には，抵当権（Hak Tanggungan）
を設定することになる。

　抵当権は，所有権，事業権及び建設権に設定することができる（抵当権法4
条1項）。また，利用権についても，国が管理する土地について設定された利

Ⅱ　進　　出

用権であること，国家土地局に登記がなされていること，譲渡することができることという条件を充足する場合には抵当権を設定することができる（抵当権法4条2項）。

　抵当権を設定するためには，抵当権証書を作成し（抵当権法10条2項），土地局に登記する必要もある（抵当権法13条1項）。抵当権証書は，各土地毎に作成する必要があることから，発電所を建設するプロジェクト・ファイナンスのように広大な土地に抵当権を設定する取引の場合，多数の抵当権証書を作成しなければならなくなる。この抵当権証書の作成がインドネシアの法律事務所の重要な収益源となっているようである。

　抵当権の実行は，原則として競売による（抵当権法20条1項）。任意売却について事前に取り決めておくことはできず，任意売却を行うためには，抵当権者と抵当権設定者の合意を公正証書により作成し，2紙以上の新聞に公告を掲載して利害関係者に通知するなどの手続きが必要となる（抵当権法20条2項・3項）。

5 進出方法比較

(1) はじめに

　インドネシアに進出する方法として，法的に最も容易なのは，日本企業が100％の株式を保有するインドネシア法人を新規に設立することである。以下(2)では，インドネシアに単独且つ新規に子会社を設立する場合について説明する。

　次に，外資規制などのため，インドネシア企業とのジョイント・ベンチャーを選択することも多いことから，ジョイント・ベンチャーについて説明する((3))。

　最後に，単独設立とジョイント・ベンチャーのいずれの場合でも，新規で会社を設立するのではなく，既存の株式会社とのM&Aを行う場合がある。以下(4)では，インドネシア企業のM&Aについて説明する。

(2) 単独且つ新規での子会社設立

(ア) 事前準備

　投資を検討する際にまず確認する必要がある事項は，市場調査，原料の調達など多岐に及ぶが，インドネシアで法的な面から重要となるのが外資規制である。想定している業種にそもそも外資企業が投資することができるのか，投資できるとして外資が100％の株式を保有することができるのかを確認する必要がある。外資規制の詳細については，上記2を参照されたい。

(イ) 会社設立

　事前準備が終わって，インドネシアで外国企業がインドネシア法人を設立する場合の法的手続きを以下で説明する。記載した必要期間は目安であり，実際には官庁の業務の繁閑により必要期間が変わることに留意する必要がある。

　なお，以下の説明は，BKPMが管轄官庁となる通常の手続きを想定しており，金融サービス庁などの他の官庁が管轄官庁となる場合は，手続きが異なる。

Ⅱ　進　　出

外国企業による会社設立手続き概要

```
┌─────────────────────────┐
│        設立証書作成         │
└─────────────────────────┘
            │  60 日以内
            ▼
┌─────────────────────────┐
│    法務人権省への設立許可申請    │
└─────────────────────────┘
            │  3〜5 営業日
            ▼
┌─────────────────────────┐
│         設立許可          │
└─────────────────────────┘
            │
            ▼
┌─────────────────────────┐
│ Online Single Submission システムによる登録 │
└─────────────────────────┘
            │
            ▼
┌─────────────────────────┐
│     銀行口座開設及び資本金払込     │
└─────────────────────────┘
            │
            ▼
┌─────────────────────────┐
│        誓約事項履行         │
└─────────────────────────┘
            │
            ▼
┌─────────────────────────┐
│         事業開始          │
└─────────────────────────┘
```

　また，インドネシアは地方分権を進めており，会社設立の手続きも地域ごとに異なり得る。以下の手続きは，ジャカルタ特別州での会社設立を想定している。ジャカルタ以外の地域で会社を設立する場合には，どのような手続きが必要かを現地の自治体などに確認する必要がある。

　2018 年 7 月 9 日から，会社設立手続に事情許可統合電子サービス（One-Stop Integrated Services）が導入された。今後の同サービスの動向次第で，会社設立手続や必要書類が変更になりうることに留意が必要である。

① 設立証書の作成

　株主は，公証人の下で設立証書を作成する。設立証書には，以下の事項が含まれる（会社法 8 条 1 項・2 項）。

- 設立する会社の定款

- 株主の生年月日，出生地，居所，国籍（自然人の場合）及び名称，本店所在地など（法人の場合）
- 取締役及びコミサリスの氏名，生年月日，出生地，職業，居所及び国籍
- 引受株式数，額面額など

　会社の定款には，新会社の名称も記載されるが，公証人が事前に商号を予約しておくことも可能である。

　定款の内容が定まっていれば，設立証書の作成は即日可能である。

　設立証書取得に必要な書類は以下のとおりである。

- 株主からの委任状（株主又は株主の代表者以外が公証する場合）
- 取締役及びコミサリスのパスポートの写し（外国人の場合）
- 株主，取締役会及びコミサリス会からの資本金払込などに関する誓約書

　設立証書作成のための委任状については，日本で署名する場合には，日本の公証人の下で公証した書類をインドネシア領事館で認証する必要がある。

② 法務人権省の許可

　インドネシア法人の設立許可を公証人を通じて法務人権省に申請する。法務人権省の許可が得られた時点で，法人格が認められる（会社法7条4項）。

　法務人権省への許可の申請は，設立証書を作成してから60日以内に行われなければならない（会社法10条1項）。

　外国会社の設立に際しての株式の取得は，日本の外国為替及び外国貿易法（以下「外為法」という）における資本取引に該当し得る。外為法は，投資先の業種が漁業や皮革及び皮革製品の製造業などの場合，事前に届出をなす事を義務づけている。投資対象が事前届出対象業種に該当しない場合には，事後届出を行えば足りる。但し，払込金額が10億円未満の場合，事後届出も行う必要はない。

Ⅱ　進　　出

③　Online Single Submission システムによる登録

　法務人権省の許可後，Online Single Submission システムによる登録を行う。
登録完了後，事業識別番号（Nomor Induk Berusaha，以下 NIB という）が発行される。NIB 発行後，会社は，事業許可などの要件を充足するための誓約（コミットメント）を行う。その後，ビジネスライセンス（Izin Usaha）が取得できる。
NIB は，会社登録証（Tanda Daftar Perusahaan）や，輸入ライセンス及び通関アクセス権として利用することができる（2018 年政令 24 号 26 条）。

④　銀行口座開設及び資本金払込

　口座開設銀行の要求する手続に従い，銀行口座を開設する。銀行口座開設後，口座に資本金を振り込む。

⑤　誓約事項履行

　事業開始前に所定の投資金額以上の投資などすべての誓約事項を履行する。誓約事項を達成しているかは事後的に BKPM により監査される。

　投資金額は，製造業か非製造業かを問わずすべての業種に関して，不動産を除いて，100 億ルピア以上である必要がある（2018 年投資調整庁長官規則 6 号 6 条 3 項）。但し，建物 1 棟を全体的に又は集合住宅を一体的に取り扱う不動産開発業や不動産管理業については，不動産取得資金を投資金額に含めることができる（2018 年投資調整庁長官規則 6 号 6 条 4 項 a）。

　設立する会社が複数の事業を行う場合に，各事業毎に 100 億ルピアが必要となるのか，それとも事業の数にかかわらず 100 億ルピアで足りるのかは明確ではなく，BKPM に確認する必要がある。会社は，事業ライセンス取得後 1 年以内に投資金額相当の投資を行う必要がある（2018 年投資調整庁長官規則 6 号 6 条 5 項）。特にサービス業において 100 億ルピアもの設備投資は不要であることが多く，必要経費を前払いするなどの工夫が必要となる。

(3)　ジョイント・ベンチャー

㋐　はじめに

　インドネシアへの進出に際して，ジョイント・ベンチャー（以下「JV」という）を選択する日本企業が多い。JV を選択する理由は，各社ごとに異なるが，筆者らが担当した案件では，例えば以下の(i)から(ⅲ)の様な理由が挙げられる。

なお，会社法は，インドネシアの株式会社の株主は2名以上でなければならないと規定しているが，これは形式的な規制であり，子会社に株式を持たせる等することにより容易に規制を遵守することができる（会社法7条）。そのため，株主が2名以上要求されていることは，JVを選択する理由とはならない。

> (i) 外資規制により外資100%での株式会社設立が認められていない。
> (ii) インドネシア企業が有する販売網，コネクション等を利用したい。
> (iii) 現地の商慣習や労働慣行について十分な経験がなく，インドネシア企業や既に進出している日本企業の知見を利用したい。

　上記の理由のうち，外資規制により外資100%での株式会社設立が認められていないのであれば，JVとすることはやむを得ない。しかしながら，JVの運営に際しては，自社とは考え方の異なるパートナーの意向を考慮する必要があり，100%出資の子会社よりも会社の運営は難しいと言える。また，JV設立時には友好的であったパートナーとの関係が時間の経過やビジネス環境の変化により悪化していくこともある。下記(ウ)で説明するとおり，インドネシアにおいて，インドネシア企業の合弁パートナーとの紛争を解決することは困難な場合が多く，事業が不幸にも失敗した場合の後処理は，100%出資の子会社よりもJVの方が格段に手間が掛かる。そのため，JVとすることが適切かを十分に検討する必要があると考えられる。

(イ) JV契約に規定すべき事項
① 一般的事項
　JV契約には，一般的には下記の事項などを定めることになる。なお，JV契約は，各案件毎の相違が大きいため，過去の案件の契約を使い回すことなく，案件の特殊性に応じて慎重に検討する必要がある。

II　進　　出

合弁契約規定事項

項　目	具体的内容
1　提携の目的，範囲	
2　新会社の基本的事項	①　商号 ②　事業目的 ③　本店所在地 ④　当初資本金の額 ⑤　新会社が発行する株式総数（授権株式） ⑥　新会社の設立に際して発行する株式の総数及び両者の出資比率
3　株主総会	①　株主総会の決議事項 ②　株主総会の決議要件
4　取締役会	①　取締役の総数，構成比 ②　社長（President Director）の指名権 ③　取締役会の決議事項 ④　取締役会の決議要件
5　コミサリス会	①　コミサリス会の総数，構成比 ②　コミサリス会会長の指名権 ③　コミサリス会の決議事項 ④　コミサリス会の決議要件
6　会計	①　営業年度 ②　配当政策
7　資金調達	①　資金調達方法 ②　資金調達への協力義務
8　株主に関する事項	①　株主の役割 ②　株主の義務（競業避止義務など）
9　株式に関する事項	①　譲渡制限 ②　先買権 ③　プット・オプション，コール・オプション ④　売却参加請求権（Tag Along Right） ⑤　共同売却請求権（Drag Along Right）
10　デッドロック	①　デッドロックの対象事項 ②　デッドロック時の手続き
11　表明・保証	
12　誓約	
13　撤退	①　撤退事由 ②　撤退事由発生時の処理
14　一般条項	

② インドネシアの JV に特有の事項

上記の各事項のうち，インドネシアの JV に特有の事項について以下説明する。

(a) 出 資 比 率

各株主の出資比率を決定する際には，少数株主がどのような権利を有しているかが重要となる。

会社法における各決議の決議要件は，Ⅲ1(2)(ウ)記載のとおりである。25% 超の株式を保有する少数株主は，合併などの重要事項の決議について拒否権を持つこととなる。また，3分の1超の株式を保有する少数株主は，授権資本枠を超える増資についても拒否権を有することになる。

さらに，10% 以上の出資比率を有する少数株主は，株主総会の招集請求権（会社法 79 条 2 項 a）などの少数株主権を保有することになる。

(b) 取 締 役 会

日本の会社法では，一定の取締役会の決議事項が定められており，JV 契約に何も記載しなくとも，重要な財産の処分などは取締役会の決議事項となる（日本の会社法 362 条 4 項 1 号）。しかしながら，インドネシアの会社法上，取締役会の決議事項は定められていない。そのため，JV 契約及びそれに基づき作成される定款において取締役会決議事項を定めておかなければ，取締役会の決議が必要な事項がなくなり，代表権を有する取締役が単独で決定できることになってしまう。取締役会決議事項は会社法の規定に従う等と抽象的に規定するのではなく，具体的な決議事項を設けておく必要がある。

(c) コミサリス会

コミサリス会（Ⅲ1(4)）の決議事項も取締役会と同様に会社法に規定はない。そのため，取締役会と同様にコミサリス会の具体的な決議事項を設けておく必要がある。

(d) 撤 退

インドネシア市場から撤退する必要が生じた場合には，JV を清算する必要が生じる。

しかしながら，インドネシアの会社を清算する場合，税務当局から税務監査が行われ，監査が終了するまでに数年間掛かることもある。また，清算に際し

Ⅱ　進　　出

ては，従業員を解雇する必要もあり，労務問題が生じる可能性もある。

　そのため，日本企業とインドネシア企業との JV の場合には，インドネシア企業に保有している株式を売却するプット・オプションを規定し，清算手続きに関与しなくて済むようにしておくことを検討すべきである。

㈱　インドネシアにおける JV の注意点

　インドネシアの JV においては，パートナー企業，特にインドネシア企業と対立した場合に，紛争を解決することが困難であるという点に注意する必要がある。

　インドネシア企業との対立が避けられなくなった場合，インドネシア企業の唯一の関心事は，日本企業から幾らの金銭を取れるかという点になる。金銭を払わせるための手段としては，以下のものがインドネシア企業に使われている。なお，下記の手段は，JV に限らず，販売店など他のインドネシア企業との取引においても利用され得る。

　対応方法は，具体的状況に即して考えるしかないが，いずれも容易に解決できるものではない。パートナー企業とコミュニケーションを綿密に取り，紛争を未然に防いで行くことが重要である。

① 　不法行為に基づく損害賠償請求訴訟

　金銭を請求する直接的な手段が損害賠償請求訴訟である。株主と JV との取引が横領や詐欺などの不法行為に該当するなどと主張してくることが考えられる。損害額には，直接的損害以外にも逸失利益などの間接的損害も含めてくるため，請求金額は莫大な金額となる。

　一見不合理な請求であったとしても，インドネシアの裁判官は，賄賂により判断が左右される場合もあることから，敗訴のリスクを軽視することはできない。JV 契約で仲裁による紛争解決を合意していたとしても，不法行為は仲裁合意の範囲外である，仲裁合意が無効であるなどと主張してインドネシアの裁判所に訴訟を提起してくることから，インドネシアの裁判所で争わざるを得ない場合が生じ得る。

② 　警察による取調べ

　駐在員が就労ビザを取得しておらず，出張ビザで滞在しているなど違法行為

がある場合には，違法行為を警察に告発して駐在員を逮捕させることがある。駐在員が逮捕されると，日本企業は，駐在員の安全を確保するため，早期に紛争を解決しなければならないとの圧力を受けることになる。

　違法行為がない場合であっても，不法行為の場合と同様に株主とJVとの取引が横領や詐欺などの不法行為に該当するなどとして，警察に告発を行うことがある。JVパートナーとの紛争において，インドネシア事業に全く関係ない日本本社の社長が告発された事例もある。

　この点，たとえ日本人がインドネシアの手続きにおいて何らかの犯罪の被疑者とされたとしても，日本とインドネシアとの間では，逃亡犯罪人引渡条約が締結されていないことから，日本人がインドネシアに引き渡されることはない（逃亡犯罪人引渡法2条9号）。

　しかしながら，インドネシア警察も国際刑事警察機構（Interpol）に加盟していることから，国際刑事警察機構を通じて日本本社役員などに対して国際逮捕手配書（Red Notice）が出される可能性については検討する必要がある。国際逮捕手配書が出されたとしても，日本で逮捕や拘禁されるわけではなく，日本国内における特段の不利益はない。また，外国を訪問する場合でも国際逮捕手配書に基づき逮捕及び逮捕要請国への送還を行う国は多くはないが，少なくとも入国審査時に詳細な審査がなされることになる。国際逮捕手配書が出される可能性がある場合の外国訪問は注意すべきである。

⑷　M & A

㋐　M&A の手法

　インドネシアにおけるM&Aの手法としては，以下のものがある。

M&A の手法	会社法における規定	意　義
買収（Pengambilalihan）	会社法1条11項	支配権の移転が生じる株式の取得。株主からの既発行株式の取得と対象会社からの新株発行の引受の双方が含まれる（会社法125条1項）。
事業譲渡	規定なし	会社の行う事業に属する資産及び負債の全部又は一部を他の会社に個別に移転する行為。
合併（Penggabun	会社法1条	消滅会社の資産及び負債の全てを他の会社に承継さ

gan），統合（Pele- buran）	9項・10項	せる行為。合併当事会社の一社が存続する吸収合併と合併当事会社全てが消滅し新たに会社が設立される新設合併の双方が可能である。
会社分割 （Pemisahan）	会社法1条 12項	会社の行う事業の全部又は一部を他の会社に承継させる行為。会社分割の結果新会社が設立される新設分割と既存の会社に事業を承継させる吸収分割の双方が含まれる。

　上記の各手法のうち，M&A の手法としては，買収と事業譲渡とが実務上利用されている。

　合併は，会社法上は可能であるが，日本企業による買収ではあまり利用されていない。

　会社分割については，上述のように会社法に規定が設けられている。しかしながら，会社法は，会社分割に関する具体的な手続きなどは，別途制定する規則により定めると規定しているが（会社法 136 条）[15]，この規則は未だ制定されていない。そのため，会社分割には不明確な点が多く残っており，実務上は M&A の手法として利用できない。

　なお，株式交換や株式移転に相当する一定の手続きを経た上で，株主が保有する株式を強制的に譲渡させる制度は，インドネシアには存在しない。

　以上のとおり，M&A の手法としては，買収と事業譲渡が実務上利用されていることから，以下では，買収と事業譲渡について説明した上で，合併について簡単に説明することとする。

(イ) 買　収

① 買収の意義

　インドネシアの会社法では，支配権の移転が生じるような株式の取得は，「買収」として合併などと同じ組織再編行為の一種として扱われ特別な手続きが要求されている。日本でも上場企業の支配権の移転については，公開買付けが必要とされているが（金融商品取引法 27 条の 2），全ての会社の支配権の移転について特別な手続きが要求されているわけではない。この点は日本の M&A

15）　2007 年に会社法が制定されてから 10 年近く経過しているが，規則作成に関する議論は進展していないようである。

5 進出方法比較

グループ内での支配権の移転

C

100%

日本

B 譲渡

99%

インドネシア

A

C

99%

A

法制との違いとなる。

　買収に該当した場合には一定の手続きが必要となるが，どのような場合が支配権の移転に該当するかは明確ではない。会社法には「支配権」の定義は設けられていない。少なくとも過半数の株式を新たに取得することは支配権の移転に該当するということは明確であるが，50％以下の株式しか有していない株主であっても，株主間契約などにおいて取締役の指名権などを有している場合には，支配権を有しているとみなされる可能性がある。買収に該当するにもかかわらず，会社法が定める必要な手続きを取らなかった場合，株式取得は無効となり，いつでも，誰でも無効を主張することができる。すなわち，買収に必要な手続きを履行していなかった場合，会社の買主が買収した会社の事業を改善し会社の価値を高めた後で，会社の売主が売買の無効を主張して，会社を取戻しにかかってくる可能性がある。そのため，自社が株式を購入する場合には，支配権の移転の範囲を広めにとらえて，買収に必要な手続きを取るよう主張する必要がある。

　買収に該当するかどうかは支配権の移転の有無で判断されるため，グループ会社間で株式を移転する場合には，支配権の移転はなく買収に該当しないと解釈することは可能である。但し，支配権の移転の有無は，対象となっているインドネシア法人の直接の株主レベルで判断するとの考え方もあり，最終的に支配権を保有している法人に変更がない場合であっても買収に該当する可能性も

あることに留意する必要がある。

　例えば，インドネシア法人A社の株式の99％を日本法人B社が保有し，B
社の全株式を日本法人C社が保有しているという状況を想定すると，A社の
最終的な支配権はC社が保有している。この場合，B社が保有しているA社
株式全てをC社に譲渡する場合，最終的な支配権はC社のままで変更はない。
しかし，A社の株主レベルでみると，支配株主は，B社からC社に変更する
ため，支配権の移転に該当し，買収とみなされる可能性がある。

　インドネシアの会社のデュー・ディリジェンスを行うと，過去の株式譲渡が
買収に該当するにもかかわらず，買収に関する手続きが取られていないという
問題がしばしば生じる。しかしながら，新たに買収に関する手続きを履行する
ことは現実的ではなく，過去の株式譲渡の有効性を完全に確保することは難し
い。

②　買収に該当しない株式譲渡

　株式譲渡に際して支配権の移転が生じず，買収に該当しない場合について，
付言する。

　買収に該当しない株式の譲渡については，下記で説明する買収に関する手続
きを取る必要はない。但し，定款や法令が定める株式譲渡に際して一定の手続
きを経る必要があることに注意する必要がある。詳細な手続きは，具体的な事
例に則して検討する必要があるが，通常は，次のような手続きを履行する必要
がある。

（a）　株主総会の承認

　インドネシアの株式会社の定款では，株式譲渡に際して株主総会の承認が通
常要求されていることから，株主総会の承認が必要となり得る。

（b）　譲渡に関する証書の作成

　株式譲渡に際しては，証書の作成が必要となる（会社法56条1項）。但し，
買収と異なり，公正証書とする必要はない。証書の写しは，対象会社に提出さ
れ，対象会社は，証書に基づき株主名簿を書き換える。

（c）　法務人権省への通知

　対象会社は，株主名簿変更から30日以内に，株主変更を法務人権省に通知
する。

(d) 定款変更

外資企業であるかどうかは定款に記載されるため，内資企業から外資企業への変更に際しては，定款変更が必要となる。

③ 買収の手続き

買収に該当する場合の手続きは，概要下記のようになる。また，下記の手続きは，投資調整庁が監督官庁となる一般的なインドネシア法人を想定しており，金融サービス庁（Otoritas Jasa Keuangan）など他の官庁が監督官庁となる株式会社の場合（銀行やファイナンス会社など）には，手続きが異なる。

以下下記の各手続きについて説明する。

(a) 事前調査

法務の観点では，事前調査では，対象会社のデュー・ディリジェンスを行って，対象会社に法令違反や隠れた債務がないか等の問題を確認することになる。デュー・ディリジェンスで検討する項目は，日本のM&Aと大きく変わらな

いが，問題が見つかる可能性は日本よりも高く，その意味でデュー・ディリジェンスの重要性も高いといえる。筆者らが関与した案件でも，過去の株式譲渡が支配権の移転を伴う株式譲渡に該当するにもかかわらず買収に必要な手続きが取られていない，事業許可を取得していない業務を行っているなどの各種の問題が見つかることが一般的である。また，インドネシア企業は，税務申告用と自社用などと複数の帳簿を作成することがあると言われており，税務面の問題が見つかることも多いので注意する必要がある。

デュー・ディリジェンスで発見された問題が顕在化していない場合であっても，インドネシア人から外国人に支配株主が変動したことを機会として，監督当局の取締りが強化され，コンプライアンス問題への対処が必要となる可能性があることに注意する必要がある。

インドネシアでは広範な業種に外資規制があるため，外資が株式を保有できるのか，保有できる場合には何％まで保有できるのかもデュー・ディリジェンスで確認しておく必要がある。外資規制については，**2**を参照されたい。

(b) 契　約　締　結

事前調査を経て，契約交渉が終わると株式譲渡契約（株主から既存株式を取得する場合）や株式引受契約（対象会社が発行する新株式を引き受ける場合）などの各契約を締結することになる。

法律上は，株式譲渡契約などを締結しなくとも買収を行うことはできるが，通常は株式譲渡契約などを締結している。譲渡後も少数株主が残るのであれば，株主間契約やジョイント・ベンチャー契約などの株主間の契約も同時に締結することになる。

(c) 買収計画の作成

新株発行の方法により買収を行う場合で株主間で直接交渉などが行われない場合には，買収者と対象会社の取締役会は，共同で買収計画を作成する（会社法125条6項・7項）。既存株主から株式を譲り受ける方法により買収を行う場合には，買収計画を作成する必要はない（会社法125条7項）。買収計画は，コミサリス会の承認も得る必要がある。

買収計画には，以下の事項などが記載される。

- 買収者及び対象会社の名称及び住所
- 買収の理由
- 買収者及び対象会社の直近の財務諸表
- 買収する株式数
- 買収資金の準備状況
- インドネシアの会計基準に従って作成された買収後の連結貸借対照表
- 買収に異議がある株主の権利に関する事項
- 取締役，コミサリス及び対象会社の従業員の地位，権利及び義務に関する事項
- 買収に要する期間
- 定款変更案

(d)　債権者に対する公告及び従業員への公告

　債権者に対する公告は，買収を承認する株主総会の招集の 30 日以上前にインドネシアの日刊新聞紙で行う必要がある（会社法 127 条 2 項）。他の手続きについては順番を変えることで早めることが短縮できる場合があるが，この 30 日間という期間は短縮できない。そのため，買収の手続きを完了させるまでには，最低でも 30 日間が必要となる。

　公告には，買収の概要及び利害関係者は，公告の日から株主総会の開催日までの間，会社の本店で買収計画を取得できることを記載しなければならない（会社法 127 条 2 項・3 項）。

　買収に反対する債権者は，公告から 14 日以内に会社に異議を申し出ることができる（会社法 127 条 4 項）。債権者の異議が株主総会の日までに解決されない場合，異議が株主総会に提出され，株主総会で解決方法が決定される（会社法 127 条 6 項）。株主総会で決定された解決方法が実行されるまで，買収を実行することはできない（会社法 127 条 7 項）。

　従業員への通知も買収を承認する株主総会の招集の 20 日以上前に行う必要がある（会社法 127 条 2 項）。

　買収に反対する従業員は，会社を退職することができる。この場合，対象会社は，通常の退職金よりも高額の退職金を支払う必要がある（労働法 163 条 1 項）。退職金の計算方法については，下記**Ⅲ2(2)(イ)⑥**記載のとおりである。

Ⅱ　進　出

　従業員が多数に上る製造業などの場合，退職金の金額が多額になり得ること
から，従業員に対して割増退職金を支払わなければならないことがインドネシ
アのM&Aにおける最大の問題となることが多い。

　この退職金の問題を難しくしているのは，必ずしも法律の規定通りに支払が
なされるわけではないという点にある。労働法上は，買収に際して退職する従
業員に対してだけ，退職金を支払うとされている。実際に法律上の金額だけを
支払う案件も勿論ある。しかしながら，実務上は，買収の際に従業員が退職す
ると会社の運営が困難になることから，退職しない従業員に対しても金銭を支
払っている場合がある。特に労働組合がある会社の場合は，他の会社でどの程
度支払ったかという情報を持っているため，従業員全員を解雇した場合と同じ
金額を全員に支払うよう交渉してくる場合もある。この点は，労使関係や対象
会社の業種などを考慮して個別に検討する必要がある。

　退職金として支払わなければならない金額は事前に予測することは困難であ
ることから，対象会社の評価で対応することは難しい。そのため，筆者らが関
与した案件でも，株式譲渡契約において，退職金として支払った金額を売却代
金から差し引くなどの調整条項を設けることで対処しているものがある。

　なお，退職金請求権その他の雇用に関する請求権の時効は，2年間とされて
いたが（労働法96条），近時，憲法裁判所によりかかる事項に関する規定は無
効とされている（憲法裁判所決定 No.100/PUU-X/2012）。そのため，退職金請求権
などの時効については，不明確な点が多く，退職金支払に関する証拠を長期間
保存する必要があることに注意する必要がある。

　(e)　株主総会の特別決議による承認

　買収は，株主総会の特別決議により承認する必要がある（会社法125条4項）。
買収を承認する株主総会の定足数は，4分の3であり，出席した株主の4分の
3以上の賛成により承認する必要がある（会社法89条1項）。

　買収に反対する株主は，保有する株式を公正な価格で買い取るよう対象会社
に請求することができる（会社法126条2項）。何が公正な価格に該当するかの
定義はなく，解釈に委ねられている。

　買収以外に定款変更や取締役又はコミサリスの選任などを行う場合には，株
主総会で同時に承認することになる。

5　進出方法比較

(f)　公正証書の作成

株主総会における承認を取得した後，公証人の下で買収証書（新株発行の方法による買収の場合）又は譲渡証書（既存株主から株式を譲り受ける方法により買収を行う場合）を作成する（会社法 128 条 1 項・2 項）。

既存株主から株式を譲り受ける方法により買収を行う場合，この譲渡証書を作成した時点で買収の効力が生じる。対象会社の取締役は，株主名簿の変更を行い，対象会社が株券を発行している場合には，買主に対して新株券が発行される。

(g)　法務人権省等への株主変更等の通知

公正証書の作成後，法務人権省に対して公正証書の写しなどを添付して，株主の変更を通知する必要がある（会社法 131 条）。この通知は，公正証書を作成した公証人が行う。

(h)　Online Single Submission システムによる登録

法務人権省による通知受領後，Online Single Submission システムにおける登録を行う。

(i)　買収結果の公告

対象会社の取締役は，買収の効力が発生した後 30 日以内に，買収結果を新聞で公告しなければならない（会社法 133 条 2 項）。

㋦　事 業 譲 渡

会社法上，事業譲渡については規定されていない。そのため，事業譲渡の手続きは法定されておらず，買収の場合よりも自由にスケジュールを決定することができる。

事業譲渡に際しては，日本における事業譲渡の場合と同様に，資産，負債，契約，従業員などを個別に譲受会社に承継させる手続きを履行する必要がある。資産の中では不動産の承継に費用と時間が掛かることに注意する必要がある。不動産の承継については，4 を参照されたい。また，譲渡会社が保有していた許認可も，原則として譲受会社で新たに取得する必要がある。

従業員の承継に関しては，買収と同様の問題がある。すなわち，労働法上，事業譲渡は，買収と同様に「所有権の移転」(perubahan kepemilikan)（労働法

163条)に該当すると解される。そのため,事業譲渡に際して退職する従業員に対しても,買収の場合と同額の退職金を支払う必要があり,買収の場合と同様の問題が生じ得る。

㈡ 合 併
① 合併の意義

日本企業によるM&Aにおいて合併を利用する機会は限られているが,既にインドネシアに現地法人や子会社が存在する場合には,合併が選択肢に入り得る。しかしながら,合併の場合,対象会社が負担している偶発債務をすべて承継することになるため,合併を選択することには慎重になるべきと考えられる。

② 買収の手続き

合併に際しても,買収の場合と同様の手続きを履行する必要がある。手続きの概要は以下のとおりである。

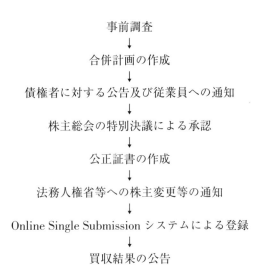

以下上記の各手続きについて説明する。

(a) 事前調査

事前調査においては，買収時と同様に，デュー・ディリジェンスや外資規制の調査などを行うことになる。

合併の場合，消滅会社が有する偶発債務も存続会社に承継されるため，デュー・ディリジェンスをより詳細に行う必要がある。また，合併により消滅会社が有していた許認可が存続会社に存続するかどうかなど，消滅会社の事業存続のために必要な条件についても検討する必要がある。

(b) 合併計画の作成

合併当事会社の取締役会が合併計画を作成する。合併計画は，取締役会及びコミサリス会の承認後，株主総会に付議される（会社法 123 条 1 項・3 項）。

合併計画には，下記の事項などを記載する必要がある（会社法 123 条 2 項）。

- 合併当事会社の名称及び住所
- 合併の理由
- 合併比率及び株式の評価過程
- 合併当事会社の直近 3 年間の財務諸表
- 合併後の事業継続に関する計画
- 買収資金の準備状況
- インドネシアの会計基準に従って作成された合併後の貸借対照表
- 合併に異議がある株主の権利に関する事項
- 取締役，コミサリス及び消滅会社の従業員の地位，権利及び義務に関する事項
- 合併に要する期間
- 定款変更案
- 合併当事会社の主要な事業及び当該事業年度において生じた事業の変更
- 当該事業年度において生じた合併当事会社の事業に影響を与える問題の詳細

(c) 債権者に対する公告及び従業員への通知

合併計画などを承認する株主総会の招集の 30 日以上前に合併計画の概要を 1 紙以上の新聞において公告し，従業員に通知する必要がある（会社法 127 条 2 項）。

Ⅱ　進　　出

債権者が有する権利は，買収の場合と同様である。

労働法上，合併に際しても，買収や事業譲渡と同額の退職金を支払う必要があるとされており（労働法 163 条），買収の場合と同様の問題が生じ得る。

(d)　株主総会の特別決議による承認

合併計画は，株主総会の特別決議により承認する必要がある（会社法 127 条 1 項）。合併を承認する株主総会の定足数は，4 分の 3 であり，出席した株主の 4 分の 3 以上の賛成により承認する必要がある（会社法 89 条 1 項）。

合併に反対する株主は，保有する株式を公正な価格で買い取るよう対象会社に請求することができる（会社法 126 条 2 項）。

合併に際して発行する株式が授権枠を超える場合には，定款変更を行う必要がある。また，合併に際して取締役やコミサリスを変更する場合には，取締役やコミサリスの選任も株主総会で決議する必要がある。

(e)　公正証書の作成

合併計画が株主総会で承認された場合，合併証書を公正証書により作成する必要がある（会社法 128 条 1 項）。

(f)　法務人権省等への株主変更等の通知又は承諾

合併証書作成後，法務人権省に申請を行う。

合併に伴い発行される新株が授権枠の範囲内の場合，合併は，法務人権省への通知が受領されたときに効力が生じる。他方，合併に伴い発行される新株が授権枠の範囲を超える場合，合併は，法務人権省による承認が得られたときに効力が生じる。

(g)　Online Single Submission システムによる登録

法務人権省による通知受領後，Online Single Submission システムにおける登録を行う。

(h)　買収結果の公告

存続会社の取締役は，買収の効力が発生した後 30 日以内に，買収結果を新聞で公告しなければならない（会社法 133 条 1 項）。

㋑　上場会社の M&A

①　はじめに

　日本の金融商品取引法などにおける規定と同様に，インドネシアでも上場会社の M&A には，以下で説明する通常の会社の M&A とは異なる特別な規定が適用される。

　インドネシアでは，上場会社の株式売却に掛かるキャピタル・ゲインについては，通常の株式売却よりも税金が少額となる場合がある。そのため，非上場のオーナー会社の M&A であったとしても，オーナーが租税負担を軽減するため，対象会社の株式を上場することを求めてくる場合がある。

②　公開買付け

　上場会社及び公開会社に対する買収を行う場合，金融サービス庁規則により定められる公開買付規制を遵守する必要がある。公開会社とは，300 名以上の株主を有し 30 億ルピア以上の払込済資本金を有する会社をいう（資本市場に関する法律〔1995 年法律 8 号〕1 条 22 項）。

　具体的には，公開会社の支配権を取得した場合（株式の 50% 超を取得した場合又は会社の経営を支配することができる場合[16]）には，残余の株式について公開買付を行うことが義務づけられる（2018 年金融サービス庁規則 9/POJK.04/2018 1 条 4 項）。当該義務的公開買付について，買付数に上限を付すことはできず，公開買付の結果，買付者の持株比率が 80% 超となった場合には，一般株主比率が 20% 以上となるように売却を行う必要がある（2018 年金融サービス庁規則 9/POJK.04/2018 21 条）。

③　大量保有報告

　公募を行う者又は公開会社の発行株式について以下の事由が生じた場合には，10 日以内に金融サービス庁に通知を行う必要がある（Bapepam Rule Number X.M.1 1 条・2 条）。

- 保有株式数が発行済株式総数の 5% に達したとき

---

16)　金融サービス庁規則では，どのような場合が会社の経営を支配することができる場合に該当するか明示されておらず，解釈に委ねられている。

Ⅱ　進　　出

> ・ 保有株式数が発行済株式総数の 5% に達した後の株式取得，株式売却などに
>   より保有株式数に変更が生じたとき
> ・ 保有株式数が発行済株式総数の 5% を下回ったとき

㈹　独占禁止法に基づく届出

① 　はじめに

　M&A に際しては，独占禁止法に基づく届出が必要となるのが一般的であり，インドネシアも例外ではない。

　インドネシアは，アジア経済危機後の 1999 年に，日本の独占禁止法に相当する独占的行為及び不公正な事業競争の禁止に関する法律（1999 年法律 5 号）（以下「独占禁止法」という）を制定した。

　独占禁止法は，資産又は売上げの価額が一定の金額を超える会社の合併又は株式の取得は，当該合併又は株式取得の後 30 日以内に事業競争監視委員会（Komisi Pengawas Persaingan Usaha，以下，KPPU という）に届出（以下「企業結合届出」という）を行わなければならないと規定している（独占禁止法 29 条 1 項）。企業結合届出の要否の基準となる金額及び企業結合届出の手続きは，別途制定される政令によるものとされていたが（独占禁止法 29 条 2 項），この政令は長期間制定されず，企業結合届出が実際には行われない状態が長く続いていた。

　2010 年になってようやくインドネシア政府は，独占禁止法に基づく政令（2010 年政令 57 号）（以下，本章において「本政令」という）を制定し，企業結合届出が行われるようになった [17]。企業結合届出を行った企業結合のリストは，KPPU のウェッブサイトで公表されている [18]。

② 　届出の対象

　企業結合届出の対象となる取引は，合併 [19]，統合 [20] 及び株式の取得（以下

---

17)　本政令制定の過程などについては，櫻井裕介「インドネシア競争法による企業結合規制の始まり」公正取引 722 号（2010 年）67 頁以下が詳しい。

18)　http://www.kppu.go.id/id/merger-dan-akuisisi/

19)　合併は，ある会社と他の既存の会社との間の法律行為であり，合併消滅会社の資産及び負債が法的に合併存続会社に承継され，合併当事会社の地位が法律に基づき変更されるものをいうとされており（本政令 1 条 1 項），日本の吸収合併（会社法 2 条 27 号）に相当する。

20)　統合とは，2 社以上の会社が新会社を設立する法律行為であり，当事会社の資産及び負債が法

「企業結合」と総称する）である（本政令5条1項）。本政令において，株式の取得とは，支配権の移転をもたらすような株式の取得をいうとされている（本政令1条3項）。(i)他の会社の議決権の50%超を保有している場合，又は(ii)議決権の50%以下しか保有していないが他の会社の経営方針若しくは経営に影響を与えること若しくは経営方針若しくは経営を決定することができる場合に支配権を有するとされる[21]。

新会社を設立する場合，支配権の「移転」はないため，企業結合届出を行う必要はないと考えられる。例えば，合弁会社の設立に際して，共同で新会社を設立する場合には，企業結合届出を行う必要はないが，一旦インドネシア企業が新会社を設立した上，日本企業が当該新会社の株式を取得する場合には，企業結合届出が必要となる可能性がある。なお，インドネシア国内で企業結合届出が不要であったとしても，企業結合の当事会社が従事している事業の範囲によっては，インドネシア国外での届出が必要となることに注意する必要がある。筆者らが担当した案件でも，インドネシア国内市場における事業展開を目的としたインドネシアにおける合弁会社の設立であったにもかかわらず，中華人民共和国での届出が必要とされたことがある。

企業結合届出が必要となる対象は，インドネシア企業同士の企業結合に限られず，外国企業による企業結合も含まれる（企業結合ガイドライン3章D）。実際に日本企業が関与する企業結合に伴い，インドネシアで届出を行った事例もある。例えば，新日本製鐵株式会社と住友金属工業株式会社との間の統合に関する届出が2012年10月11日に行われており[22]，伊藤忠商事株式会社によるDole Food Company Inc. の買収に関する届出が2013年5月1日に行われている[23]。

企業結合届出は，企業結合が以下の基準のいずれかを充足する場合に行う必

的に新会社に承継され，統合当事会社の地位が法律に基づき変更されるものをいうとされており（本政令1条2項），日本の新設合併（会社法2条28号）に相当する。

21) 独占的行為及び不公正な事業競争を引き起こす可能性のある合併，統合及び株式の買収の実施についてのガイドラインに関するKPPU規則2010年13号（KPPU規則2013年2号による改正を含む，以下「企業結合ガイドライン」という）第3章A11。

22) http://www.kppu.go.id/docs/Merger/Nippon.pdf 参照。

23) http://www.kppu.go.id/id/wp-content/uploads/2014/02/PendapatKPPU_IC-DFC_PublikVer_02022014.pdf 参照。

77

Ⅱ　進　　出

要がある。

> - 当事会社の合計資産が 2 兆 5000 億ルピア（銀行の場合は，20 兆ルピア〔本政令 5 条 3 項〕）を超えていること（本政令 5 条 2 項 a）
> - 当事会社の合計売上高が 5 兆ルピアを超えていること（本政令 5 条 2 項 b）

　資産及び売上高の計算に際しては，企業結合の当事会社だけでなく，当該会社を支配している会社及び当該会社が支配している会社の資産も合算される（本政令 5 条 4 項）。すなわち，親会社，子会社，兄弟会社，孫会社などの資産及び売上高は合算する必要がある。この基準は，インドネシア市場への影響を判断するものであるため，資産は，インドネシア国内の資産に限られると解される。また，売上高もインドネシア国内での販売及びインドネシア向け輸出に関する売上高は含まれるが，インドネシアから他国へ輸出する取引に関する売上高は含まれないと考えられる。

　上記の基準を充たす企業結合であったとしても，関連会社間の企業結合の場合には，企業結合届出を行う必要はない（本政令 7 条）。

③　企業結合届出手続き

（a）届 出 時 期

　企業結合届出は，企業結合の効力が生じた後 30 営業日以内に KPPU に対して行う必要がある（本政令 5 条 1 項）。これは，外国企業が行う企業結合の場合も同様である。

　企業結合の効力が生じた後に，排除措置等を実行することが実際上困難であり，企業やそのステークホルダーに多大な不利益を生じさせかねないことから，世界中の大部分の国では，企業結合の効力が生じる前に届出を行うことを要求しており，管轄当局による審査が終了した後でなければ，企業結合を行うことはできない。筆者らが所属する事務所で世界中の多数の国で届出が必要となる企業結合を担当した際にも，企業結合の効力が生じた後に届出を行うことを要求していた国は，インドネシアだけであった。なぜインドネシアが企業結合の効力が生じた後に届出を行うことを要求しているのかは明確ではない。インド

78

ネシア政府も企業結合の効力が生じる前に届出を行わせることを意図していたが，法律上の根拠がないなどの経済界の反対により実現しなかったとされている[24]。なお，企業結合届出を事前申請に修正することなどを内容とする独占禁止法の改正案が審議中と報道されている[25]。

(b)　企業結合届出書

企業結合届出書は，KPPU が定めるフォームに基づき作成する必要がある。例えば，買収の場合の企業結合届出書には，買収者及び被買収者の名称，住所などの基本的な事項に加えて，各製品ごとのシェア，競合者，顧客などのリストなどを記載する必要がある[26]。

企業結合届出書には，更に企業結合当事者の定款，会社紹介，財務諸表，事業計画なども添付する必要がある。

KPPU は，企業結合の評価のために必要と認める場合には，追加の資料の提出を求めることもできる。

(c)　KPPU による審査

企業結合届出が提出された後，KPPU は，まず届出書記載事項及び添付書類に不備がないかを確認する。

不備がない場合，KPPU による審査が開始され，KPPU は，90 営業日以内に審査を完了する（本政令 9 条 2 項，企業結合ガイドライン 5 章 B1）。

審査に際しては，(i)市場の集中度合い，(ii)参入障壁，(iii)潜在的な競争制限効果，(iv)市場の効率性及び(v)倒産状況にあるかが考慮される（企業結合ガイドライン 5 章 A）。この内，(i)市場の集中度合いに関しては，日本の企業結合規制と同様にハーフィンダール・ハーシュマン指数（以下「HHI」という）[27] が参照されている。水平的企業結合の場合，(a)企業結合後の HHI が 1,800 以下の場合，又は(b)企業結合後の HHI が 1,800 超であって，かつ，企業結合による HHI の増分が 150 以下である場合には，企業結合に競争制限効果はないと判断される（企業結合ガイドライン 5 章 A1）。

---

24)　前掲注 17) 櫻井 67 頁，68 頁参照。
25)　2014 年 2 月 27 日付け Hukum Online「House to Amend Antitrust Law」。
26)　Form A1 参照。
27)　HHI は，一定の取引分野における各事業者の市場シェアの 2 乗の総和によって算出される。

Ⅱ　進　出

④　事前相談制度

　企業結合を行うことを予定している者は，KPPU に書面又は口頭で事前相談を行うことができる（本政令 10 条）。KPPU は，事後に企業結合が取り消されるリスクを最小限にするために事業者側に事前相談を行うことを奨励している[28]。

　しかしながら，たとえ書面で KPPU の判断を得ていたとしても，事前相談の結果は，KPPU を拘束せず，KPPU は，企業結合届出が行われた後，再度審査を行うことができる（本政令 11 条 4 項）。そのため，KPPU に事前相談を行う実益は乏しく，事前相談により KPPU の判断を取得することには慎重になる方がよいと考えられる。

Column

事業競争監視委員会（KPPU）

　KPPU に対しては，独立行政法人国際協力機構（JICA）を通じた日本政府の支援がなされている。日本は，2004 年から 2007 年にかけて，競争政策プロジェクトを実施し，KPPU の審査能力，政策立案能力の向上を行った。その後も，日本は引き続きフェーズ 2 を実施し，KPPU の競争政策実施に関する能力向上を支援している[29]。

　インドネシア人弁護士によれば，KPPU の職員には経済学などを専攻した専門家が多く，合理的な対応が期待できる官庁の一つとのことである。しかし，近時，独占禁止法に基づく届出が急増しており，対応が追いついていない。KPPU に独占禁止法に基づく届出を行ってから，正式な決定が出るまでに，通常 1 年から 2 年程度掛かるようになっている。

---

⑤　届出違反の効果及び排除措置

　企業結合届出を行う義務があるにもかかわらず，届出を怠った場合には，1 日あたり 10 億ルピア，最高 250 億ルピアの罰金が課される可能性がある（本政令 6 条）。KPPU は，2016 年 4 月 26 日，韓国企業である LG International Corp. に対して，インドネシア企業（PT. Binsar Natorang Energy）買収に伴う企業結合届出の遅滞を理由に 80 億ルピアの罰金を科している。

---

28)　前掲注 17）櫻井 69 頁参照。
29)　http://www.jica.go.jp/oda/project/0900207/ 参照。

企業結合届出及びその後の KPPU による審査の結果，KPPU が企業結合により独占的行為及び不公正な事業競争が引き起こされる可能性があると判断した場合，KPPU は，企業結合の取消しなどの行政処分を命じることができる（独占禁止法 47 条 2 項 e）。

　日本企業が関与した企業結合において，KPPU が一定の措置を命じた事例は見当たらない。企業結合届出は，企業結合の効力が生じた後に行われることになるが，一旦生じた企業結合の停止などを命じることは困難と考えられる。そのため，KPPU が企業結合に際して一定の措置を執ることを命じる事例は限られているが，皆無という訳ではない。具体的には，以下の様な実例が存在する。

　(a)　Temasek に関する件 [30]

　シンガポール企業である Temasek Holdings は，子会社を通じてインドネシア最大の携帯電話会社である PT Telekomunikasi Selular の株式の相当部分を保有していた。その後，Temasek Holdings は，子会社の Singapore Technologies Telemedia を通じて，インドネシアの携帯電話会社である PT Indosat Tbk の株式も取得した。

　本件は，本政令制定以前の案件のため，企業結合届出は行われていない。しかしながら，KPPU は，Temasek Holdings が同一市場で合計 50% 以上のシェアを占める複数の企業を保有することを禁止する独占禁止法 27 条（a）に違反しているとして，Temasek Holdings に対して，PT Telekomunikasi Selular と PT Indosat Tbk のいずれかの株式を売却することを命令した。

　Temasek Holdings は，最高裁判所まで KPPU の決定を争ったが敗訴したため，結局保有していた PT Indosat Tbk の株式を売却した。

　(b)　Carrefour に関する件 [31]

　PT Carrefour Indonesia は，インドネシアでスーパーマーケットなどの小売業を営む PT Alfa Retailindo Tbk を買収した。買収の結果，PT Carrefour Indonesia は，小売業において独占的地位を占め，納入業者との契約条件を自社に

---

30)　Temasek に関する件については，Ilene Knable Gotts 編「The Merger Control Review Edition 5」（Law Business Research，2014 年）インドネシアチャプター（Theodoor Bakker 及び Luky I Walalangi 執筆）229 頁を参照。

31)　Carrefour に関する件については，前掲注 30）インドネシアチャプター 229 頁以下参照。

Ⅱ　進　　出

有利に変更するなど独占的地位を濫用するようになったことから，KPPU は，
PT Carrefour Indonesia に対して，PT Alfa Retailindo Tbk の株式を売却するよ
う命令した。

　PT Carrefour Indonesia は，KPPU の命令の取消しを求めて，南ジャカルタ
地方裁判所に提訴し，同裁判所は，PT Carrefour Indonesia の訴えを認めた。
KPPU は，最高裁判所に上告したものの，最高裁判所も PT Carrefour Indone-
sia の主張を認め，KPPU の株式売却命令を取り消した。

III

現地での
事業運営

Ⅲ　現地での事業運営

1　会　社　法

⑴　機　関

　インドネシアの会社法上，株式会社には以下の機関の設置が必要とされている。

- 株主総会
- 取締役会
- コミサリス会

　株主総会は株主により構成される会議体であり，株式会社の最高意思決定機関として位置づけられる。会社の重要な経営事項や，取締役の報酬など取締役会に決定させることが適切でない事項については株主総会で決議される。

　取締役会は取締役により構成される会議体であり，法律又は会社の定款に基づき会社の業務に関する決定と執行を行う。

　コミサリス会は取締役による業務執行を監督し，会社及び株主の利益を守ることを目的とする機関である。日本における監査役会に類似する機関であるが，取締役の職務の一時停止など監査役会に認められていない強い権限も認められている。

⑵　株主総会

㋐　権　限

　株主総会は，取締役会又はコミサリス会に付与されたもの以外の権限を，法律及び定款の範囲内で行使する（会社法75条1項）。そして，株主は，株主総会において，議題に関係があり会社の利益を害さない範囲で，取締役会又はコミサリス会を通じて情報にアクセスする権利が認められている（会社法75条2項）。ここで規定される権利以外に，株主は株主名簿を閲覧する権利や株主総

1 会社法

会の招集通知後直ちに株主総会に関連する資料を受領する権利を有する。

株主総会では，予め議題とされていない事項を決議することは，原則としてできない。ただし，全株主が株主総会に出席しており，新たな事項を議題とすることを全株主が承認した場合は議題とすることができる（会社法75条3項）。当該追加の議題は全会一致でのみ承認することができる（会社法75条4項）。

(イ) 種　類

株主総会には以下の2種類がある（会社法78条1項）。

- 定時株主総会
- 臨時株主総会

定時株主総会は，会計年度の終了から6ヶ月以内に開催され，年次報告書が提出される（会社法78条2項・3項）。臨時株主総会は，必要に応じて随時開催することができる（会社法78条4項）。

(ウ) 決議事項

会社法上，株主総会の主な決議事項として以下の事項が規定されている。

- 取締役の選任・解任
- コミサリスの選任・解任
- 取締役間の権限分配
- 取締役の報酬額
- コミサリスの報酬額
- 事業計画
- 定款変更
- 増資
- 減資
- 株式の買戻し

85

Ⅲ　現地での事業運営

- 配当
- 合併等

　会社法が株主総会決議事項とはしていないものを，定款に規定することによって株主総会の決議事項とすることも可能である。

　会社法上，株主総会の決議は全会一致を目指して審議することとされている（会社法87条1項）。全会一致に至らない場合には，議案は，原則として，議決権ベースで，過半数の株式を有する株主が出席し（会社法86条1項），かつ，出席株主の過半数の株主の賛成により承認される（会社法87条2項）。

　ただし，一定の重要な事項について，会社法は過半数よりも大きな割合の決議要件を定めている。例えば，定款を変更する議案であれば，議決権のある株式の少なくとも3分の2以上の株主が出席する株主総会において，行使された議決権の3分の2以上の賛成によって決議される（会社法88条1項）。

　さらに，以下の事項は会社にとって特に重要な事項であるので，少なくとも議決権のある株式の4分の3以上の株主が出席し，行使された議決権の4分の3以上の賛成によって決議される。一般に特殊決議と呼ばれている。

主な決議事項と定足数及び決議要件

	定足数	決議要件	決議事項
普通決議	過半数	過半数	取締役及びコミサリスの選任又は解任，報酬額の決定 決算承認及び年次報告書承認 利益分配 取締役間の職務権限
特別決議	3分の2以上	3分の2以上	定款変更 授権資本増額 減資
特殊決議	4分の3以上	4分の3以上	合併，買収，分離，自己破産提案，会社の存続期間の延長，解散 純資産の半分超の資産の譲渡又は担保提供

　会社法上定められた定足数及び決議要件を，定款で加重することはできるが軽減することは認められない。

86

(エ) 定足数

株主総会は，会社法又は会社の定款でより大きな割合が定められた場合を除き，議決権のある株式の過半数を有する株主が出席する場合に開催することができる（会社法86条1項）。定款で過半数を下回る定足数を定めることはできない。1回目の株主総会で定足数を満たさず，株主総会を開催できなかった場合，2回目の株主総会の開催が可能であり，議決権のある株式の3分の1以上の株式を有する株主が出席することにより株主総会の開催が可能である（会社法86条4項）。2回目の株主総会でも定足数を満たさない場合，会社は裁判所に3回目の株主総会の定足数を定めるよう求めることができる（会社法86条5項）。2回目及び3回目の株主総会の招集は開催する株主総会の7日以上前に行う必要がある（会社法86条8項）。

(オ) 招集手続き

株主総会の招集は，総会の日から14日前までに行うこととされている。14日の期間には招集の通知日及び株主総会の日は含まない（会社法82条1項）。かかる14日の期間を定款の定めで短縮することはできない。

株主総会は，会社の本拠地又は定款に記載された主要な事業を行っている場所で開催することができる（会社法76条1項・3項）。株主総会は，インドネシア国内でのみ開催することができ，日本などの外国で開催することはできない。もっとも，テレビ会議方式で海外から参加することは可能である（会社法77条1項）。

取締役会は株主総会を開催する権限を有し（会社法79条1項），一定の場合は株主又はコミサリス会にも株主総会の招集が認められる（会社法79条2項）。具体的には，議決権のある株式の10分の1以上を保有する株主（複数名の合計でも可）又はコミサリス会による請求が可能とされている。上記株主又はコミサリス会による請求には理由を付すこととされており，理由の例として，取締役会が期限内に定時株主総会を開催しないことや取締役会又はコミサリス会のメンバーの任期が満了した場合が挙げられている（会社法79条3項解説）。取締役会は，株主又はコミサリス会から株主総会開催請求を受領した場合，受領から15日以内に株主総会の招集を行わなければならない（会社法79条5項）。取

Ⅲ　現地での事業運営

締役会が上記期間内に株主総会を招集しない場合は，(i)株主からコミサリス会に対して開催請求が可能となり，コミサリス会は，株主からの請求を受領した後15日以内に株主総会を招集する，又は(ii)コミサリス会が株主からの株主総会開催の請求を受けなくても，自ら株主総会を開催することができる（会社法79条6項）。上記手続きを行ったにもかかわらず取締役会又はコミサリス会が株主総会の招集を行わない場合，株主は，会社の本拠地を管轄する地方裁判所所長に対して，自らが株主総会を招集することの許可を求めることができる（会社法80条1項）。

　株主が裁判所に対して株主総会の開催許可を求める場合，裁判所所長は，申立人と会社の取締役会又はコミサリス会のメンバーに意見陳述を行わせる（会社法80条2項）。

　株主総会の招集通知には，株主総会の日時，場所，議題に加え，議論のための資料を招集通知の日から株主総会の開催日まで会社に備え置くことを記載しなくてはならず（会社法82条3項），株主から求められた場合，かかる資料の写しを無料で提供しなくてはならない。招集通知が，法律の定める手続きに従って行われなかった場合であっても，議決権を有するすべての株主が出席して，議題を全会一致で承認した場合，当該株主総会決議は有効である（会社法82条5項）。そのため，全株主が同意する場合，招集通知は省略することが可能である。また，書面決議で株主総会を代替する場合も招集通知は省略される。書面決議は，英語で行うことも可能である。

(カ)　運営手続き

　上述のとおり，電話会議，ビデオ会議又はその他電子メディアを使用しての株主総会への出席は可能である。ここでいうビデオ会議等は，株主が相互に見ることができ，声が聞こえて，会議に参加できるものであることが必要である（会社法77条1項）。そのため，音声のみを利用する一般の電話による参加は認められない。

　株主総会を開催した場合，議事録を作成しなければならず，株主総会の議長及び参加者から選ばれた少なくとも1名の株主が署名する（会社法90条1項）。なお，議事録が公証人による公正証書として作成された場合は，上記の議事録

への署名は必要とされない（会社法90条2項）。

㈩　議　決　権

　株主総会の議決権は，原則として，1株式に1個とされている（会社法84条1項）。なお，会社は優先株などの議決権のない株式を発行することも可能である（会社法53条4項a号）。

　なお，以下の株式にかかる議決権は行使できず，定足数にも含まれない（会社法84条2項）。以下の株式の議決権行使が認められると，会社による議決権行使を通じて現在の取締役による会社の支配が不当に強まるおそれがあるため，議決権の行使が制限されているものと考えられる。

- 会社が保有する自己株式
- 子会社が親会社株式を保有する場合の当該親会社株式
- 会社が直接又は間接に株式を保有する別の会社がもつ会社の株式

　議決権を有する株主は，株主総会に自ら出席し又は代理人を通じて出席することが可能である（会社法85条1項）。ただし，議決権の不統一行使は認められず，1人の株主が複数の代理人を指名することで議決権を不統一行使することも認められない（会社法85条3項）。また，当該会社の取締役，コミサリス又は従業員は株主の代理人になることはできないとされている（会社法85条4項）。これらの者が代理人として株主総会に出席した場合，定足数には含まれるが，議決権の行使は認められていない。例えば，日本の親会社がその代理人としてインドネシア子会社の取締役を指名する場合が該当する。また，株主が委任状を作成して代理人を指名した場合であっても，株主は自ら株主総会に出席することができ，その場合は委任状は効力を失う（会社法85条5項）。インドネシア国外で委任状に署名が行われた場合，公証人による公証及びインドネシア領事館における認証が必要になる場合があることに留意する必要がある。上記のように株主総会への出席資格が重複する場合に誰が株主総会に出席する資格を有するかについては，株主総会の議長が決定することができるとされて

Ⅲ　現地での事業運営

いる（会社法 85 条 6 項）。

Column

公証・認証

　日本国内で委任状などを作成する場合，公証や認証が必要となる場合がある。
　公証は，公証人役場で行う。登記簿謄本などの公文書は，公証の対象とならない
が，公文書の記載内容を誠実に翻訳した旨を記載した宣言書を公証することは可能
である。
　認証は，インドネシア領事館で行う。インドネシア領事館での認証のためには，
公証に加えて日本の外務省の認証も必要となるが，東京，神奈川及び大阪の公証人
役場で公証を行った場合，公証と同時に外務省の認証のある認証文書が作成される
ので，別途外務省に行く必要はない。公証された書類及びそのコピーなどを提出す
ると，インドネシア領事館にて認証を示すスタンプが捺印される。
　インドネシア領事館は，東京と大阪にあり，地域により管轄地域が決まっている。
しかしながら，当職らの経験上，管轄地域内で作成された書類の認証を大阪のイン
ドネシア領事館に求めたが，東京のインドネシア領事館に行くように指示されたこ
ともあり，どの領事館に行けばよいか事前に確認しておく必要がある。

(ク)　少数株主権

　株主総会決議は議決権の過半数で行われることが基本的な取扱いとなってい
る。もっとも，多数決のみでは多数派株主による恣意的な会社の経営が行われ
るおそれがある。そこで，会社法は過半数に至らない議決権数を有する株主
（少数株主）にも一定の権利を認めている。

　10％ 以上の議決権を有する株主（複数株主の合計でも可）には，以下の権利
が認められている。

- 株主総会招集
- 会社不正調査のための監査請求
- 会社解散請求（但し，解散の決議には 4 分の 3 以上の株主の承認が必要）

90

また，保有する株式数にかかわらず株主に与えられた権利（単独株主権）があり，例えば会社書類（株主名簿，株主総会議事録，年次報告書）の閲覧請求が認められている。

(3)　取締役会

㋐　権　限

　会社法は，取締役会が会社の目的の範囲内で，会社の最善の利益のために会社経営を行い（会社法92条1項），裁判を含め，会社を代表する権限を有し（会社法98条1項），法律及び会社の定款において定められた範囲内で，適切とみなされている方針に従い会社経営を行うとしている（会社法92条2項）。

㋑　義　務

　取締役は誠実かつ責任をもって会社の経営を行うとされており，会社に対して善管注意義務を負っている（会社法97条1項・2項）。さらに，取締役が善管注意義務に違反して会社に損害を与えた場合，当該取締役は会社の損害について賠償責任を負う（会社法97条3項）。また，取締役が複数いる場合，特定の取締役による善管注意義務違反について，各取締役は原則として連帯して賠償責任を負う（会社法97条4項）。もっとも，以下の要件をすべて満たす場合は，取締役は責任を負わないとされている（会社法97条5項）。

- 会社に生じた損害が，当該取締役の善管注意義務違反から生じたものでないこと
- 当該取締役は，会社の目的の範囲内で，会社の利益のために業務執行を誠実に行っていたこと
- 会社に損害が生じた業務執行について，直接又は間接に当該取締役と会社との間で利益相反がなかったこと
- 会社の損害の発生又は継続について，当該取締役が防止措置を執ったこと

　日本の株主代表訴訟に相当する制度はインドネシアにも存在する。議決権の10分の1に相当する株式を保有する株主は，善管注意義務違反により会社に

Ⅲ　現地での事業運営

損害を与えた取締役に対して訴えを提起することができ（会社法97条6項），また，他の取締役やコミサリスも同様に訴えを提起することができるとされている（会社法97条7項）。ただし，実務上，取締役の退任時の株主総会において，取締役の損害賠償責任が存在したとしても免除することを決議することも多く，取締役の損害賠償責任が実際に会社から追及されることは稀である。

　会社が破産し，会社の財産で債務を完済できない場合，現在の取締役及び破産宣告の時点より5年前までの期間に就任していた取締役は，会社の債務の弁済について個人として債権者に対して責任を負う（会社法104条2項）。ただし，以下の要件を満たす取締役は上記責任を免れる（会社法104条4項）。

- 破産が当該取締役の善管注意義務違反に基づかないこと
- 当該取締役が誠実に，会社の利益に責任を持ち，会社の目的の範囲内で業務執行を行ったこと
- 業務執行について，当該取締役と会社との間に直接又は間接に利益相反が生じていないこと
- 当該取締役が破産を防ぐ手段を講じたこと

㋒　員　数

　取締役会は，1名以上の取締役によって構成される（会社法92条3項）。ただし，公衆から資金を調達する又は公衆の資金を運用する会社，公衆に対して社債を発行する会社及び公開会社は，取締役の員数は2名以上とされている（会社法92条4項）。

　取締役が複数いる場合は，定款で別途定める場合を除き，各取締役が単独で会社を代表する権限を有する（会社法98条2項）。定款において特定の取締役のみが会社を代表すると規定することも可能であり，実際には特定の取締役のみが会社を代表すると定めることが多い。その場合，当該取締役にはPresident Directorとの役職に付けられることが一般的である。

　また，取締役が2名以上選任されている会社においては，取締役間の権限分配は株主総会決議において定め，株主総会が定めない場合は，取締役会決議

によって定める（会社法92条5項・6項）。

㈎ 選 任

　取締役の選任は，定款に別途の定めがない場合，株主総会において過半数の賛成により承認される（会社法94条1項）。例えば2社で組成する合弁会社で，一方の株主が株式の過半数を有する場合，会社法の原則に従えば，当該株主が取締役の全員を選任することができることになる。そうすると少数派株主による会社の経営への影響が弱くなるので，少数派の株主からも取締役を選任できるようにするため，合弁契約等において少数派株主からも一定数の取締役を選任できることを合意することが多く行われている。

　会社設立時の取締役は，発起人が設立証書において定める。

　取締役の任期として有期の期間が定められ，再任も可能である。これは取締役の任期が満了した場合に，自動的に任期が継続するものではないことを示すものである。なお，会社法上，取締役の任期の上限は定められておらず，定款で定められることが通常である。また，取締役の選任，交代及び解任の手続きについては定款で定めることとされている（会社法94条4項）。

　取締役の選任，交代及び解任に関する株主総会決議は，その効力発生日を定めるものとされている（会社法94条5項）。決議において効力発生日を定めない場合，選任，交代及び解任の効果は株主総会が閉会したときに発生する（会社法94条6項）。取締役の選任，交代及び解任を行った場合，30日以内に取締役会は法務人権大臣に対して登録のために届け出ることとされている（会社法94条7項）。取締役の選任を法務人権大臣に届け出なかった場合，法務人権大臣は当該取締役の選任を有効と認めず，それ以後の当該取締役からの届出を受理しない。重要な契約の締結に際して，相手方から取締役選任に関する株主総会決議に加えて，取締役選任の届出を受理した旨の法務人権大臣の証明書の提出が要求されることもある。

　取締役は，法律行為を行うことができる自然人に限られている（会社法93条1項）。したがって，会社が別の会社の取締役に就任することはできない。また，取締役として指名されるまでの5年間に以下に該当する者は取締役に就任することができない（会社法93条1項）。

93

Ⅲ　現地での事業運営

- 破産宣告された者
- 他の会社の取締役又はコミサリスとして，当該会社の破産に責任があると宣言された者
- 国の財政又は関連する金融機関に損害を与える犯罪を犯した者

　上記要件に加えて，各監督官庁は取締役に就任するために必要な要件を定めることが認められている（会社法93条2項）。例えば，銀行等の金融機関の取締役に就任するためには，当局が行う適性試験に合格することが必要である。

　会社は，取締役が取締役として指名される資格を有することを示す書面を保管することとされている（会社法93条3項）。

(オ)　運　営

　会社法は，取締役会の招集方法，開催頻度，決議手続き等についての規定を置いていないので，これらの事項は定款において定める必要がある。議決権は各取締役が1議決権を持つこととされる。

　取締役会で決議を要する事項について会社法上は詳細な定めをおいていないが，合弁会社において，一定の重要な事項については取締役会の全会一致又は各株主が指名した取締役の賛成による承認が必要であると合弁契約等で定めることもある。

　日本の取締役会と異なり，定款で定めることにより，賛否同数の場合に，議長がキャスティング・ボートを投じることも認められている。

(カ)　終　了

　取締役の任期は，任期満了，解任又は辞任により終了する。

①　任 期 満 了

　任期が満了し，改めて選任の手続きを取らない場合，取締役の任期は終了する（会社法94条3項）。

②　解　任

　取締役は，理由を付した株主総会決議によって，いつでも解任されると定め

られている（会社法 105 条 1 項）。会社法の解説において，解任が行われる例として，取締役が会社に損害を与える行為を行ったことやその他株主総会が解任を相当とする事由によることが挙げられている。解任される取締役は，本人が解任に異議を述べない場合を除き，株主総会で弁明する機会が与えられる（会社法 105 条 2 項・4 項）。株主総会の書面決議によって取締役を解任することも可能であり，その場合，解任される取締役は，書面決議の前に解任の予定を通知され，弁明する機会が与えられる（会社法 105 条 3 項）。

　取締役を解任する決議は，解任される取締役に弁明の機会を与えた上で行う必要がある（会社法 105 条 2 項）。解任の決議は，株主総会の終了時，又は株主総会決議において定められた時点等において効力を発生する。

③　辞　任

　取締役の辞任手続きは定款で定めることとされ（会社法 107 条 a 号），辞表提出後直ちに辞任の効力が生じるのではなく，一定期間が経過した後に辞任の効力が生じるとする規定を設けることも可能である。

㈭　職務の停止

　コミサリス会から取締役に対して職務を停止する旨の書面での通知があった場合，当該取締役の職務は停止される（会社法 106 条 1 項ないし 3 項）。取締役の職務が停止されてから 30 日以内に株主総会が開催され，職務の停止を取り消すか承認するかを決定する（会社法 106 条 6 項）。株主総会が取締役の職務の停止を承認した場合は当該取締役は解任される（会社法 106 条 7 項）。取締役の職務の停止から 30 日以内に株主総会が開催されない場合又は株主総会において職務の停止を承認する決議が否決された場合，当該職務停止は効力を失う（会社法 106 条 8 項）。

(4)　コミサリス会

㈠　権　限

　コミサリス会の権限は取締役会による業務執行の監督であるが，具体的には次の表の権限を有する。

Ⅲ　現地での事業運営

コミサリスの権限

権　限	会社法
取締役会による会社経営に対する監督又は助言	108 条 1 項
定款が規定する会社の業務を承認	117 条 1 項
定款の定め又は株主総会決議に基づき，特定の場合に取締役会に代わって会社の業務を執行	118 条 1 項
株主総会決議に基づき，取締役の報酬を決定	96 条 2 項
取締役の全員が会社の利益と対立する場合，会社を代表	99 条 2 項
取締役の業務執行を一時停止	106 条 1 項
年次報告書への署名	67 条
期中の配当の承認	72 条 4 項
株主総会の開催請求	79 条 2 項
会社が作成する合併計画等の承認	123 条 3 項
株主総会に会社の解散の議案を提案	144 条 1 項
株主総会からの授権により増資を承認	41 条 2 項

　コミサリスの報酬は株主総会において定めることとされている（会社法 113 条）。コミサリスの職務には取締役会による職務を監督することも含まれているところ，コミサリスの報酬を取締役会が定めると，コミサリスによる取締役会に対する監督が十分に機能しなくなるおそれがあるので，株主総会で定めることとされている。

　また，定款で定めることにより，取締役会による一定の活動についてコミサリス会の承認を要するとすることができる（会社法 117 条）。例えば，会社による借入や担保提供についてコミサリス会の承認を必要とすることがある。また，取締役全員が会社との間で利益が相反する場合などの一定の場合には，一定の期間，コミサリス会が会社の経営を行うことができる（会社法 118 条 1 項）。

(イ)　義　務

　コミサリス会は，会社の経営方針や経営全般の活動状況を監督し，取締役会に助言を与え（会社法 114 条 1 項），コミサリスは，この職務を誠実かつ堅実に，また全面的に責任を負って行うこととされている（会社法 114 条 2 項）。具体的

96

には表の事項がコミサリスの責任とされている。

コミサリスの責任

責　任	会社法
取締役会に対する監督について会社に対して善管注意義務を負う。違反により会社に損害を与えた場合，会社に対して賠償責任を負う。	114条
会社が破産した場合，コミサリス（破産宣告前5年の間にコミサリスの地位にあったものを含む）は，善管注意義務違反がなかった等の要件を満たさない場合，会社財産によって弁済できない会社の債務について，取締役と連帯して責任を負う。	115条
コミサリス会の議事録を作成し，監督義務に関する報告書を定時株主総会へ提出する。	116条
株主総会で説明を行う。	75条2項

　コミサリスの職務遂行に過失があり，その結果会社に損害が生じた場合，コミサリスは当該損失に対して個人的に責任を負う（会社法114条3項）。コミサリスが複数いる場合は，それらのコミサリスは連帯して責任を負うとされている（会社法114条4項）。もっとも，以下の要件をすべて満たす場合は，当該コミサリスは責任を負わないとされている（会社法114条5項）。また，実務上，コミサリスの退任時の株主総会において，コミサリスの損害賠償責任が存在したとしても免除することを決議することも多く，コミサリスの損害賠償責任が実際に会社から追及されることは稀である。

- コミサリスが，会社の目的の範囲内で誠実かつ堅実に会社の利益を図るために監督を行っていたこと
- 会社に損害を生じさせた取締役会の行為との間で個人的な利害関係が無いこと
- 取締役に対して損害の継続を防ぐ方法を助言していること

　コミサリスに対する責任追及として，議決権の10分の1に相当する株式を保有する株主は，善管注意義務違反により会社に損害を与えたコミサリスに対

Ⅲ　現地での事業運営

して，会社の名義で訴えを提起することができる（会社法114条6項）。

　さらに，会社が破産し，会社の財産で債務を完済できない場合，現在のコミサリス及び破産宣告の時点より5年前までの間に就任していたコミサリスは，債務の弁済について債権者に対して責任を負う（会社法115条2項）。ただし，以下の要件をすべて満たすコミサリスは上記責任を免れる。

- 破産が当該コミサリスの善管注意義務違反に基づかないこと
- 当該コミサリスが誠実に，会社の利益に責任を持ち，会社の目的の範囲内で業務執行を行ったこと
- 業務執行について，直接又は間接に利益相反が生じていないこと
- 破産を防ぐ手段を講じたこと

㋒　員　数

　コミサリスの人数は1名以上とされている（会社法108条3項）。ただし，公衆から資金を調達する又は公衆の資金を運用する会社，公衆に対して社債を発行する会社及び公開会社については，コミサリスの人数は2名以上とされている（会社法108条5項）。

　コミサリス会が2名以上のコミサリスで構成される場合は，コミサリス会は会議体として活動することとされており，各コミサリスが単独で活動することはできず，コミサリス会の決議に基づいて行動するとされている（会社法108条4項）。

　コミサリスの人数については会社の定款に規定されることが多い。例えば日本企業と現地企業との間の合弁会社では定款及び合弁契約において，各株主が指名することができるコミサリスの人数を指定することが行われている。コミサリス会は，個々のコミサリスが個別に行動するのではなく，会議体としての決議に基づき活動することとされているので，合弁会社においてそれぞれの株主が指名することができるコミサリスの数が同数であり，両株主の意見が対立する場合には，コミサリス会の決議を行うことができず，コミサリス会が膠着状態になり得ることに留意が必要である。

1 会 社 法

㋒ 選 任

コミサリスは株主総会において選任される（会社法111条1項）。会社設立時のコミサリスの選任は，設立証書において行う。コミサリスの任期として有期の期間が定められ，再任も可能である。なお，会社法上，コミサリスの任期の上限は定められておらず，定款で定められることが通常である。また，コミサリスの選任，交代及び解任の手続きについては定款で定めることとされている（会社法111条4項）。

コミサリスの選任，交代及び解任に関する株主総会決議は，その効力発生日を定めるものとされている（会社法111条5項）。決議において効力発生日を定めない場合，選任，交代及び解任の効果は株主総会が閉会したときに発生する（会社法111条6項）。コミサリスの選任，交代及び解任を行った場合，取締役会は30日以内にコミサリスの選任，交代及び解任を法務人権大臣に対して登録のために届け出ることとされている（会社法111条7項）。コミサリスの選任，交代及び解任を法務人権大臣に届け出なかった場合，その後のコミサリスの変更に関して法務人権大臣は会社からの届出を受理しない（会社法111条8項）。

コミサリスは，法律行為を行うことができる自然人に限られている（会社法110条1項）。また，コミサリスの指名までの5年間に以下の行為を行った者はコミサリスに就任することができない（会社法110条1項）。

* 破産宣告を受けた者
* 他の会社の取締役又はコミサリスとして，当該会社の破産に責任があると宣言された者
* 国の財政又は関連する金融機関に損害を与える犯罪を犯した者

上記要件に加えて，各監督官庁はコミサリスに就任するために必要な要件を定めることが認められている（会社法110条2項）。

㋔ 運 営

会社法は取締役会と同様に，コミサリス会の招集方法，開催頻度，決議手続

99

Ⅲ　現地での事業運営

き等についての規定を置いていないので，定款において定める必要がある。コ
ミサリス会の職務として会社の年次報告書の承認があるので，最低年に１度
はコミサリス会を開催することになる。また，コミサリス会の承認要件として
コミサリスの過半数の賛成を必要とすることを定めることが通常であると思わ
れる。日本の監査役会と異なり，定款で定めることにより，賛否同数になった
場合に，議長がキャスティング・ボートを投じることも認められている。

㋖　終　了

コミサリスの任期は，任期満了，解任又は辞任により終了する。

① 任 期 満 了

任期が満了し，改めて選任の手続きを取らない場合，コミサリスの任期は終
了する（会社法 111 条 3 項）。

② 解　任

コミサリスの解任について，取締役の解任についての条項が準用されている
（会社法 119 条・105 条）。すなわち，コミサリスは株主総会決議によって，いつ
でも解任される。この場合，解任されるコミサリスは，株主総会で弁明する機
会が与えられる。株主総会の書面決議によってコミサリスを解任することも可
能であり，その場合，解任されるコミサリスは，書面決議の前に解任の予定を
通知され，弁明する機会が与えられる。解任の決議は，株主総会の終了時又は
株主総会決議において定められた時点において効力を発生する。

③ 辞　任

会社法はコミサリスの辞任に関する規定を置いておらず，取締役の辞任と異
なり，辞任の手続き等を定款で定めることも求めていない。もっとも，コミサ
リスの辞任により混乱が生じることがないように，辞任の意思表示の方法，通
知先，効力発生時期などのコミサリスの辞任の手続きについても定款で定めて
おくことが望ましい。

2 労 働 法

⑴ 労働関係法令についてのポイント

インドネシアの労働分野における主要な法律としては，労働法，労働組合法及び労働紛争解決法が挙げられる。

㋐ 労 働 法

労働者の権利や使用者の義務など労使間の権利関係の基本的な内容を定めるものである。現行の労働法は労働組合の意向が強く反映され，労働者の保護に厚い内容となっている。

具体的には，労使関係の基本原則，平等な取扱い，労使関係，賃金，福利厚生，労働組合[1]，労働協約，雇用関係の解消，調査，罰則などが規定されている。

労働法の特徴としては，労働者保護の観点から，労働者の雇用は正社員としての雇用を原則としており，雇用期間に定めのある契約社員の雇用は，限定的な場合にのみ許容されている。また，正社員としての雇用ではない，人材派遣や外部への業務委託についても限定的な場合にのみ許容されている。使用者としては，会社の業務量の変動に対応するために，雇用する労働者のうち一定数は非正規雇用の労働者で対応するインセンティブがあるが，正社員としての雇用を促進するため，法令上，非正規雇用の労働者の利用は一定の場合に限定されている。

また，労働者の解雇は可能ではあるが，解雇事由は限定されており，また産業関係裁判所の同意も必要となることから，実務的には一旦雇用した正社員の解雇は容易ではない。したがって，正社員としての雇用開始時に認められている試用期間を設けて，役職との適性を慎重に判断することが重要である。

---

[1] 労働組合の組織や権利の詳細は労働組合法に定められている。

Ⅲ　現地での事業運営

㈤　労働組合法

労働組合の組織や権利に関する事項を定めている。

インドネシアにおける労働組合の活動は活発であり，労働組合の上部団体による組織的に大規模なストやデモがしばしば行われている。また，政治的な発言力も有しており，政府の労務関係の政策への影響も有している。

㈥　労働紛争解決法

労働紛争が発生した場合に，それを解決する手続き等が定められている。当事者間の話合いによる解決を前提としつつ，裁判所による判断を得られる手続きとなっている。労働紛争の解決には時間を要することが多く，訴訟などの正式な紛争手続きに至る前に解決することが望ましい場合が多い。

(2)　採用の際に留意すべきポイント

㈠　雇 用 形 態

従業員を雇用する場合，雇用期間の定めのない雇用（いわゆる正社員）と期間の定めのある雇用（いわゆる契約社員）がある。また，会社と労働者との間に直接の雇用関係を生じさせない形態として，人材派遣と業務委託がある。

①　期間の定めのない雇用（正社員）

従業員を雇用する場合は正社員として雇用することが原則的な対応となる。

正社員として雇用する場合，書面の雇用契約を作成することは必ずしも義務づけられないが，契約書を作成しない場合は，任命状を交付することとされている（労働法63条1項）。また，正社員を雇用する場合は最長3ヶ月間の試用期間を設けることができる（労働法60条1項）。インドネシアにおいて，一旦正社員として雇用すると解雇が難しいので，試用期間を設けて当該従業員の適性を見極めることが重要となる。試用期間を設ける場合は労働者との間で雇用契約を締結し，試用期間を明記することが必要である。

②　非正規雇用

従業員を正社員として雇用することの他，非正規雇用が認められている。もっとも，会社の中核業務は正社員で対応することが求められており，非正規雇用が許容されるのは，会社の業務のうち付随的な業務となる。

（a） 契約社員

契約社員は，取扱業務の性質が有期雇用にふさわしい場合に限定されており，具体的には以下に定める業務について雇用することができる（労働法59条1項）。

- 1回限りの業務及び性質上暫定的な業務
- 3年以内の一定の期間内に完了が見込まれる業務
- 季節的業務
- 試験段階にある新製品，新規活動又は既存製品に追加される製品に関する業務

契約期間は，最長2年間であり，契約期間の延長は1回のみ認められている。延長後の契約期間は，最長1年間とされている（労働法59条4項）。さらに，契約期間終了後30日が経過した場合，雇用者は契約社員と再度契約することができるとされており，再契約の期間は最長2年間である（労働法59条6項）。

契約社員を雇用する場合は，契約書を作成することが必要である（労働法57条1項）。契約書を作成しなかった場合，期間の定めのある雇用は無効とされ，正社員として雇用したものとみなされる（労働法57条2項）。雇用者は，期間の定めのある雇用契約を締結した場合，7日以内に雇用契約を労働当局に登録することとされている。

契約社員を本来は雇用することができない業務に従事させた場合や契約期間に関する規制に違反した場合，契約期間の定めが無効となり，契約社員を正社員とみなすこととされている（労働法59条7項）。

（b） 派遣労働者

派遣労働者を利用することができるのは，生産工程に直接関係しない補助的サービス活動に限られる。具体的には以下の業務が補助的サービス活動に含まれる（労働法66条1項，2012年労働移住省規則19号17条）。

Ⅲ　現地での事業運営

- クリーニングサービス業
- 労働者用のケータリング業
- 警備員業
- 鉱業・石油業の補助的サービス業
- 労働者用の輸送サービス業

　雇用者と人材派遣会社との間の人材派遣契約は，人材派遣会社が取得している事業ライセンス及び派遣労働者と人材派遣会社との間の労働契約を添付して，業務実施場所を管轄する労働当局に登録しなければならない（2012 年労働移住省規則 19 号 20 条）。
　また，人材派遣は以下の要件を満たすこととされている（労働法 66 条 2 項）。

- 人材派遣会社と派遣社員との間に雇用関係があること
- 上記雇用関係について雇用契約が締結されていること
- 人材派遣会社とその提供を受ける会社との間の書面の契約があること

　上記要件を満たさず人材派遣を行った場合，派遣社員の雇用主としての責任は法律上当然に人材派遣会社からその提供を受ける会社に移転する（労働法 66 条 4 項）。また，派遣労働者を本来利用することができない業務に派遣労働者を従事させた場合，派遣労働者を派遣先会社で雇用された労働者とみなすこととされている（労働法 66 条 4 項）。
　(c)　業 務 委 託
　会社の業務の一部を第三者に業務委託することが認められているが，以下の条件を満たす場合に限られている（労働法 65 条 2 項）。

- 中核的業務から独立した業務であること
- 業務委託元の直接又は間接的な指示の下で行われる業務であること

2　労 働 法

- 業務委託元の業務の付随的な業務であること
- 業務委託が行われないとしても生産過程に支障が生じない業務であること

　付随的な業務か否かは，会社が属する業界団体が定めるワークフローにより
定められる（2012年労働移住省規則19号4条1項）。業務委託を行った会社は，
どの種類の補助的な業務に該当するかを地域又は市の労働当局に報告しなけれ
ばならない（2012年労働移住省規則19号4条2項）。
　本来，業務委託が認められない業務について業務委託を利用した場合，業務
委託先の労働者を業務委託元の労働者とみなすとされている（労働法65条8
項）。

(イ)　労 働 条 件
　従業員の労働条件は，インドネシアの法令に適合するように定めなければな
らない。以下では主な労働条件について言及する。
①　試 用 期 間
　正社員については，雇用契約で定めることにより最長3ヶ月間の試用期間
を設定することが認められる（労働法60条1項）。契約社員の雇用について試
用期間を定めることはできない（労働法58条1項）。
　雇用者が試用期間中の労働者を解雇する場合，産業関係裁判所における決定
を経ることなく，労働者を解雇することができる（労働法154条a号）。
②　労働時間，休憩，休日等
　労働時間，休憩，休日等の概要は以下のとおりである。

労働時間 （労働法77条1項）	週6日勤務の場合は1日7時間，週40時間まで 週5日勤務の場合は1日8時間，週40時間まで
休憩 （労働法79条2項・ 80条）	4時間以上連続で勤務した場合，雇用者は，30分 以上の休憩を与える必要がある 礼拝の機会を与える必要がある
時間外労働 （労働法78条1項）	労働者の同意を得ていること 1日3時間，週14時間以内であること
休日	12ヶ月以上継続して勤務した労働者には12日

Ⅲ　現地での事業運営

（労働法 79 条 2 項 c 号・d 号）	6 年以上継続して勤務した労働者には 7 年目と 8 年目にそれぞれ 1 ヶ月以上の長期休暇を与える必要がある
生理休暇（労働法 81 条）	生理の 1 日目と 2 日目
産休・育休（労働法 82 条 1 項）	出産予定日の 1 ヶ月半前から 1 ヶ月半後まで

③　最 低 賃 金

　最低賃金は，州ごとに定められ，地域ごとの差異も大きく，近時は上昇が著しい。例えば，ジャカルタ特別州の最低賃金は，1 ヶ月あたり 2012 年が 150 万ルピア，2013 年が 220 万ルピア，2014 年が 250 万ルピア，2015 年が 270 万ルピア，2016 年が 310 万ルピア，2017 年が 330 万ルピア，2018 年が 360 万ルピアとなっている。また業種に応じた加重がされている。

④　時間外労働手当

　雇用者が労働者を残業させる場合，以下に定める金額の残業代を支払わなければならない（2004 年労働移住大臣決定 102 号 11 条）。

　（a）　平　　日

　最初の 1 時間：1 時間分の給料[2]の 150％

　2 時間以降の各時間：1 時間分の給料の 200％

　（b）　休日又は祝日

週 6 日勤務の場合	週 5 日勤務の場合	残業代
最初の 7 時間[3]	最初の 8 時間	1 時間分の給料の 200％
8 時間目[4]	9 時間目	1 時間分の給料の 300％
9 時間目及び 10 時間目[5]	10 時間目及び 11 時間目	1 時間分の給料の 400％

---

2)　月給の 173 分の 1 に相当する金額をいう（2004 年労働移住大臣決定 102 号 8 条 2 項）。

3)　土曜日が休日の場合，5 時間となる（2004 年労働移住大臣決定 102 号 11 条 b2)。

4)　土曜日が休日の場合，6 時間目となる（2004 年労働移住大臣決定 102 号 11 条 b2)。

5)　土曜日が休日の場合，7 時間目以降となる（2004 年労働移住大臣決定 102 号 11 条 b2)。

2 労働法

⑤ 賞　与

使用者は，従業員に対して，宗教上の休日手当（Tunjangan Hari Raya, THR）を支払う必要がある。THRは，レバラン手当とも呼ばれ，イスラム教徒の場合，断食明けの休日であるレバランの前に支払われる（2016年労働大臣規則6号1条2項）。

THRの金額は，1ヶ月分の給料であるが，12ヶ月以上連続して勤務していない労働者に対しては，月割りで計算した金額が支払われる。1ヶ月間連続して勤務していない労働者に対しては，THRを支払う必要はない（2016年労働大臣規則6号2条）。

⑥ 退職金

労働法は，労働者の勤続年数及び退職事由に応じて，退職金の計算方法を詳細に規定している。退職金は具体的には解雇手当，長期勤務手当，補償金からなり，さらに雇用契約などで特に定めている場合はさらに解約手当が支払われる[6]。勤続年数が長くなるほど支払われる退職金額が増えるように定められている。例えば，勤続期間が1年未満の労働者について退職金の計算の基礎となる解雇手当の額は月給の1ヶ月分とされているが，勤続期間が4年以上5年未満の労働者については解雇手当の額は月給の5ヶ月分とされている。

さらに，労働者の退職事由に応じて，解雇手当，長期勤務手当，補償金の支払の有無や増額が定められている。例えば，労働者が通常時に自主的に退職する場合には，下記の補償金及び解雇手当だけが支払われるが（労働法162条2項），労働者が合併や買収に際して自主的に退職する場合には，解雇手当，長期勤務手当及び補償金の合計金額を支払わなければならない（労働法163条1項）。

これに対して，雇用者が合併等に際して労働者を解雇する場合（労働法163条2項）や雇用者が2年以上連続の赤字又は不可抗力以外の理由による事業閉鎖により労働者を解雇する場合（労働法164条2項）には，次の計算式で算出される額の退職金を支払う必要がある。

6）　解約手当は会社の利益を直接代表する者に対しては支払われないとされているが，どのような者が会社の利益を直接代表する者に該当するかは明確ではない。

107

Ⅲ　現地での事業運営

退職金＝解雇手当×2＋長期勤務手当＋補償金

　契約社員である労働者を雇用契約期間中に解雇する場合，雇用者は，残りの契約期間の給料相当額を支払わなければならないとされている（労働法62条1項）。反対に，契約社員である労働者が雇用期間中に退職する場合も，契約社員は，雇用者に残りの契約期間の給料相当額を支払わなければならないとされている（労働法62条1項）。例えば，12ヶ月間の有期雇用契約を締結し，9ヶ月が経過した時点で雇用者が雇用契約を解消した場合，雇用者が労働者に対して3ヶ月分の給与相当額を支払う必要がある。

（a）　解雇手当（uang pesangon）の計算方法（労働法156条2項）

勤続期間	解雇手当
1年未満	1ヶ月分
1年以上2年未満	2ヶ月分
2年以上3年未満	3ヶ月分
3年以上4年未満	4ヶ月分
4年以上5年未満	5ヶ月分
5年以上6年未満	6ヶ月分
6年以上7年未満	7ヶ月分
7年以上8年未満	8ヶ月分
8年以上	9ヶ月分

（b）　長期勤務手当（uang penghargan masa kerja）の計算方法（労働法156条3項）

勤続期間	長期勤務手当
3年以上6年未満	2ヶ月分
6年以上9年未満	3ヶ月分
9年以上12年未満	4ヶ月分
12年以上15年未満	5ヶ月分
15年以上18年未満	6ヶ月分

18 年以上 21 年未満	7 ヶ月分
21 年以上 24 年未満	8 ヶ月分
24 年以上	10 ヶ月分

(c) 補償金（uang penggantian）（労働法 156 条 4 項）

下記の金額の合計額

- 未消化の有給休暇に相当する給与
- 労働者及びその家族を採用場所に帰還させる費用
- 住居手当及び医療手当として解雇手当及び長期勤務手当の 15% に相当する額
- 雇用契約，就業規則及び労働協約で定められたその他の金額

(d) 解約手当（uang pisah）（労働法 158 条 4 項）

雇用契約，就業規則及び労働協約で定められた金額

⑦ 時　効

労働法は，賃金などの支払に関する請求権は 2 年間で消滅すると規定していたが（労働法 96 条），当該規定は 2013 年に憲法裁判所により違憲無効とされている[7]。したがって，賃金などの支払に関する請求権が何年間で時効により消滅するか明確ではないが，インドネシアにおける一般民事消滅時効は 30 年であるので，賃金請求権の時効も最長 30 年と判断される可能性もある。消滅時効期間が長期となる場合，将来の賃金支払に関する紛争に備えて，賃金支払等に関する証拠を長期間保管することが必要になる。

⑧ 定　年

労働者が年金を受給できる年齢になった場合，雇用者は，労働者との労働契約を解約することができるとされている（労働法 167 条 1 項）。実務上は，55 歳又は 56 歳を定年としていることが多いようである。

定年により労働者との労働契約を解消する場合，産業関係裁判所における決

---

7) 憲法裁判所決定 100/PUU-X/2012。

Ⅲ　現地での事業運営

定を経ることなく，労働者を解雇することができる（労働法 154 条 c 号）。

(3)　労務管理において留意すべきポイント

㋐　懲　戒

①　警　告　書

　雇用者は，労働契約，就業規則又は労働協約に違反した労働者に対して警告書を発行することができる。一定の期間内に 3 回の警告書を発行し，更に違反行為があった場合に，雇用者は当該労働者を解雇することができる（労働法 161 条 1 項）。この場合も，所定の退職金の支払は必要であるので留意が必要である。

　それぞれの警告書の有効期間は原則として 6 ヶ月間とされている（労働法 161 条 2 項）。労働者が，所定の事項に違反して 1 回目の警告書が発行された後，6 ヶ月以内に再度違反行為があった場合，雇用者は 2 回目の警告書を発行することができる。同様に 2 回目の警告書の発行から 6 ヶ月以内に違反行為があった場合に 3 回目の警告書を発行し，その後の違反行為により雇用者は労働者を解雇することができる。なお，警告書を発行した後に 6 ヶ月経過した場合は，当該警告書は効力を失い，その後の違反行為に対しては 1 回目の警告書を発行することになる。

②　出勤停止・減給

　懲戒処分としての出勤停止や減給について労働法上明示的に規定されていないが，一般的に労働契約，就業規則又は労働協約に定めることにより行うことが可能であると解されている。

③　懲　戒　解　雇

　前述のとおり，労働者が労働契約，就業規則又は労働協約に違反する場合に，警告書を 3 回発行した後に解雇することが可能である。

㋑　人事報告（Wajib Lapor Tenaga Kerja）

　雇用者は，毎年 1 回，人事関係の事項について労働大臣又は労働大臣から授権された者に人事報告を提出しなければならない（1981 年法律 7 号 7 条 1 項）。最初の報告は，会社設立後 30 日以内に行わなければならない（1981 年法律 7

号6条1項)。

人事報告には，下記の事項を記載する必要がある（1981年法律7号6条2項）。

- 会社を特定する事項
- 人事関係に関する事項
- 労働者保護に関する事項
- 雇用機会に関する事項

(ウ) 労働契約，就業規則，労働協約及び労働関連法令の関係

労働条件は，雇用者と労働者との間の労働契約，就業規則及び労働協約により決定される。

労働契約，就業規則及び労働協約に定める条件は，いずれも法令の定める基準を下回ってはならない（労働法54条2項・111条2項・124条2項）。労働契約，就業規則及び労働協約に定める条件が法令の定める条件を下回った場合，法令の定める条件が適用される。すなわち，労働関連法令が最低限の労働条件を定めている。また，労働契約における賃金並びに雇用者及び労働者の権利及び義務は，就業規則又は労働協約に定める条件を下回ってはならない（労働法54条2項）。労働契約では，就業規則及び労働協約で定められた条件を上回る条件だけを定めることができる。

(エ) 労働条件の不利益変更

労働契約を変更するためには，雇用者と労働者が合意する必要がある（労働法55条1項）。就業規則を変更するためには，雇用者と労働者の代表が合意した上，管轄当局の承認を得る必要がある（労働法113条）。また，雇用者は，変更点を全ての労働者に告知及び説明しなければならない（労働法114条）。

労働協約を変更するためには，雇用者と労働組合の合意が必要である（労働法125条）。雇用者及び労働組合は，変更点を全ての労働者に告知しなければならない（労働法126条2項）。

Ⅲ　現地での事業運営

㈣　労働契約

(2)㈦①記載のとおり，正社員を採用する場合，労働契約を書面で締結する必要はない。しかしながら，労働契約を締結する場合，労働条件は，労働契約で規定されることになる。労働契約を締結しない場合であっても，当該正社員が従事する職種や賃金は，雇用者が交付する任命状に記載される（労働法63条2項）。契約社員を採用する場合には，労働条件を記載した労働契約を書面で締結する必要がある。

労働契約には，以下の事項などを記載し，雇用者と労働者が署名する必要がある（労働法54条1項）。労働契約は，原本2部を作成し，雇用者と労働者が各1部を保管する（労働法54条3項）。

- 雇用者の名称，住所及び事業
- 労働者の名前，性別，年齢及び住所
- 職務
- 勤務地
- 雇用者及び労働者の権利及び義務
- 雇用開始日及び雇用期間
- 雇用契約が締結された場所及び日付

㈤　就業規則

10人以上の労働者を雇用する雇用者は，就業規則（peraturan perusahaan）を作成する必要がある（労働法108条1項）。但し，労働協約（perjanjian kerja ber-sasma）を締結している雇用者は，就業規則を作成する必要はない（労働法108条2項）。就業規則は，労働大臣又は労働大臣から委任された者の認証を経る必要がある（労働法108条1項）。

就業規則では，以下の事項などが規定される（労働法111条1項）。

- 雇用者の権利及び義務
- 労働者の権利及び義務

2 労 働 法

- 労働条件
- 懲戒に関する事項
- 有効期間

㈔ 労 働 協 約

　雇用者は，労働組合と労働協約を締結することができる。雇用者と労働組合の交渉がまとまらない場合，利益に関する紛争（労働紛争解決法1条3号）として，斡旋，調停，仲裁などにより解決が図られる。労働協約は，一つの雇用者において一つのみ締結することができる（労働法118条）。

　労働協約には，以下の事項などを規定し，雇用者と労働組合が署名しなければならない（労働法124条1項）。雇用者と労働組合が署名した労働協約は，労働当局に登録しなければならない（労働法132条2項）。

- 雇用者の権利及び義務
- 労働組合及び労働者の権利及び義務
- 労働協約の始期及び有効期間

⑷ 労 働 組 合

㈰ 労働組合概説

　すべての労働者は労働組合に加盟する自由又は労働組合を結成する自由を有するとされており，労働組合は10名以上の労働者で構成される（労働組合法5条）。また，5つ以上の労働組合により労働組合連盟を結成することができ，5つ以上の労働組合連盟によって労働組合連合を結成することができるとされている（労働組合法6条・7条）。労働者は一つの会社の中にある複数の労働組合に重複して加盟することはできない（労働組合法14条1項）。

　労働組合は，その結成時に労働当局に対して，以下の事項を含む書面による通知を行う（労働組合法18条）。

113

Ⅲ　現地での事業運営

- 設立者の名前
- 組合の定款と細則
- 組合役員の名前

(イ)　労働組合の権利

労働組合には，以下の権利が認められている（労働組合法 25 条 1 項）。

- 労働協約について使用者と協議すること
- 労働紛争に関して労働者を代理すること
- 労務関係の機関において労働者を代理すること
- 労働者の福祉を向上させるための活動を行う機関を設立すること
- その他労務関係の活動を行うこと

(ウ)　留意すべきポイント

使用者は，労使間で合意された条件に基づき，労働組合に就労時間中に活動を行う機会を与えなければならない（労働組合法 29 条 1 項）。上記合意は，許容される活動の種類，手続き，当該活動中の賃金の有無を含むこととされている（労働組合法 29 条 2 項）。

また，何人も，労働者による労働組合結成，組合役員への就任，労働組合への加入，活動を妨げることや強制することはできないとされている（労働組合法 28 条 1 項）。したがって，使用者が，労働者に対して労働組合への加入を禁止することや，加入したことを理由として降格や減給を行うことは認められない。また，従業員同士であっても労働組合への加入や脱退の強制を行うことも認められない。

114

2　労働法

(5)　ストライキ・ロックアウト

(ア)　ストライキ
①　概　要
　ストライキとは，労働者又は労働組合が労働条件などに関する要求を実現させるため，要求が受け入れられるまでの間，仕事を停止又は停滞させる行為である（労働移住大臣決定 2003 年 232 号 1 条 1 項）。労働者には，法律の規定に従ってストライキを行う権利が認められており，「交渉の失敗」の結果として，合法的に，規律正しく，平和的に行われるストライキは，労働者及び労働組合の基本的な権利とされている（労働法 137 条）。

　他方で，法令が定める手続きを遵守しないストライキは違法である。具体的には，次の場合に行われるストライキは違法とされている（労働移住大臣決定 2003 年 232 号 3 条）。

- 交渉の失敗の結果ではないもの
- 雇用者及び労務分野の監督官庁に対する通知を行っていないもの
- ストライキ実施まで 7 日より少ない日数の通知がなされたもの
- 通知内容が労働法第 140 条第 2 項 a・b・c 及び d の規定に適合していないもの

　上記の「交渉の失敗」とは，労働者又は労働組合が雇用者に対して，14 営業日内に 2 回書面で協議を要請したものの雇用者が協議に応じないこと，又は協議が行き詰まったことが労使双方により議事録に記載されることにより，労使関係における紛争解決の合意に至らないことをいう（労働移住大臣決定 2003 年 232 号 4 条）。

　なお，雇用者が協議に応じているが労使間の合意に至っていない状況で，雇用者としては協議が行き詰ったとは考えていないが，労働者側が協議の行き詰まりを理由にストライキを行う場合に，上記の「交渉の失敗」といえるか問題となる。この場合，雇用者としては協議が行き詰まったと考えていないので，

115

Ⅲ　現地での事業運営

議事録にその旨を記載することもないと思われる。上記の文言上は，協議の行き詰まりが議事録に記載されない限り，「交渉の失敗」には当たらないとの解釈もあり得るところであるが，雇用者側が協議の行き詰まりを議事録上，認めない限りストライキが適法とならないとすると，労働者が適法にストライキを行うことができる場合が非常に限られることになり，疑問もあるところである。

② 　ストライキの手続き

ストライキを行う7日前までに，書面で雇用者及び労務を管轄する地方官庁に対して，通知を行う必要があり，当該通知には以下の事項を記載することとされている（労働法140条）。

- ストライキの開始日時と終了日時
- ストライキの実施場所
- ストライキの理由
- ストライキの実施に責任を負う労働組合の委員長及び書記による署名

上記手続きを遵守しないストライキは違法ストライキとされる（労働法142条1項）。

なお，上記通知を受領した雇用者及び地方官庁は，通知の受領書を発行する必要がある（労働法141条1項）。

③ 　ストライキへの対応

（a） 適法ストライキの場合

何人も，労働者又は労働組合がストライキを合法的に，規律正しく，平和的に行う権利の行使を妨げることはできないとされている（労働法143条1項）。雇用者は，適法なストライキを行っている労働者及び労働組合の幹部を逮捕又は拘束してはならないとされている（労働法143条2項）。

さらに，雇用者は，以下の行為を行うこともできない（労働法144条）。

- 適法ストライキを行っている労働者を，会社外部の労働者と配置転換すること

> ・ 適法ストライキの最中又は終了後に，労働者又は労働組合の幹部を方法を問わ
> ず処罰すること又は報復を行うこと

　労働者が，雇用者により明白に侵害されている労働者の基本的な権利を回復するために合法的なストライキを行った場合，労働者は賃金を受領することができるとされている（労働法145条）。労働者の基本的権利を雇用者が明白に侵害するとは，労務について監督権限のある当局から，その義務を遵守するように命じられたが，雇用者が明白に，かつ，実際に，労働契約，就業規則，労働協約，労働法令に定められた義務を果たすことを拒むことをいう。この規定を反対解釈すると，労働者が違法ストライキを行う場合又は適法ストライキであるが労働者の基本的な権利を回復するために行われるものでない場合，労働者は賃金を受け取れないことになるが，その最終的な認定基準は明確ではなく，実務上は労働者による賃金受領が法的に認められるか明確にならない場合も多いものと思われる。

　(b)　違法ストライキの場合

　ストライキが違法ストライキにあたる場合，当該ストライキは無断欠勤として扱われる（労働移住大臣決定2003年232号6条1項）。違法ストライキを行う労働者に対して，雇用者は職場復帰の呼びかけを2回連続して7日の間隔をあけて行うことができる。上記呼びかけに応じなかった労働者は，自主退職したものとみなすとされている。

(イ)　ロックアウト

　ロックアウトは，雇用者に認められた権利であり，交渉が失敗した場合に，労働者の一部又は全員について労働の提供を拒否するものである（労働法146条1項）。もっとも，雇用者は，労働者がその基本的権利を求めたことに対する報復措置としてロックアウトを用いることは認められない（労働法146条2項）。

　ロックアウトは，法令を遵守して行われる必要があるとされており（労働法146条3項），以下の手続きが定められている。

Ⅲ　現地での事業運営

　雇用者はロックアウトを実施する7営業日前までに，労働者又は労働組合並びに労務を管轄する地方官庁に対して通知を行う（労働法148条1条）。

　当該通知には，少なくとも以下の項目が記載されなくてはならない（労働法148条2項）。

- ロックアウトの開始日時及び終了日時
- ロックアウトの理由

　また，当該通知には，雇用者による署名がされなくてはならず（労働法148条3項），通知を受領した労働者，労働組合及び労働当局は，通知の日時を記した受領書を発行しなければならない（労働法149条1項）。もっとも，労働者又は労働組合が，法定のストライキの手続きに違反している場合は，雇用者から労働者又は労働組合に対する通知は不要とされている（労働法149条6項）。

　ロックアウトの実行前及び実行中に，労働当局は，当事者の協議の機会を設定して，直ちに問題を解決するように努めなければならない（労働法149条2項）。上記協議が合意に至った場合は，当事者及び労働当局の担当官によって合意書が作成される（労働法149条3項）。

(6)　雇用契約の解消の際に留意すべきポイント

㋐　解雇手続き

　労働者の解雇に関しては，労働法及び紛争解決法に定めがある。

　まず，雇用者と労働者は，解雇を避けるために必要なすべての努力を行うこととしている（労働法151条1項）。求められる努力としては，配置転換，勤務形態の変更，合理化策の実施や労働者に対する研修プログラムの実施なども含まれ得る。解雇回避のための努力にもかかわらず，解雇が避けられない場合，雇用者と労働者又は労働組合は解雇について協議する必要がある（労働法151条2項）。

2 労 働 法

㈡ 解 雇 事 由

労働法上，解雇事由として以下の事由が定められている。

- 刑事手続きにより6ヶ月間業務を行えない場合（労働法160条3項）
- 刑事手続きにより有罪の確定判決を受けた場合（労働法160条5項）
- 労働者に就業規則等の違反行為があり，3度の警告書を受けたのちに再度違反行為を行った場合（労働法161条1項）
- 5日以上無断で欠勤し，雇用者からの2度の呼び出し状に応じなかった場合（労働法168条1項）
- 会社のステータスの変更や合併があり，雇用者が雇用の継続を望まない場合（労働法163条2項）
- 2年以上連続の赤字又は不可抗力による事業閉鎖の場合（労働法164条1項）
- 上記以外の合理化による事業閉鎖の場合（労働法164条3項）
- 雇用者が破産する場合（労働法165条）
- 定年に達した場合（労働法167条1項）

また，雇用関係の解消について労働者の同意が得られない場合，原則として産業関係裁判所の同意を得ることが必要である。ただし，以下の事由に基づく雇用関係の解消については，同裁判所の同意は不要である（労働法154条・160条6項）。

- 試用期間が終了した場合
- 有期雇用契約において雇用期間が満了した場合
- 定年の年齢に達した場合
- 労働者が死亡した場合
- 刑事手続きのため6ヶ月業務を行えない場合
- 刑事手続きにより有罪の確定判決を受けた場合

Ⅲ　現地での事業運営

㋑　解雇禁止事由

労働法は労働者保護の観点から以下の理由による解雇を禁止している（労働法 153 条 1 項）。

* 労働者が医師の診断書を得た病気により 12 ヶ月を超えない期間にわたり欠勤すること
* 労働者が国家に対する義務を履行するために欠勤すること
* 労働者が宗教上の義務を履行するために欠勤すること
* 労働者が婚姻することにより欠勤すること
* 労働者が妊娠，出産，流産又は授乳により欠勤すること
* 労働者が他の従業員との間で血縁関係又は縁戚関係を有するに至ったこと。但し労働協約又は就業規則に規定されている場合を除く
* 労働者が労働組合を設立すること，労働組合の役職員になること，就労時間外に労働組合の活動を行うこと又は雇用者から許可を得て，雇用契約，就業規則若しくは労働協約の規定に基づいて就労時間内に労働組合の活動を行うこと
* 労働者が雇用者の犯罪行為を当局に報告すること
* 主義，宗教，政治的立場，人種，性別，身体的な条件又は婚姻の状況
* 労災による障害により従業員が永続的に就労できなくなること，又は就労に起因する病気を理由として，医師の診断書により職場復帰の時期の見込みがつかないこと

上記を理由とした解雇が行われた場合，法律上当然に当該解雇は無効となる（労働法 153 条 2 項）。

労使間で解雇事由の有無などについて認識が相違するなどして，雇用関係の終了に関して争いがある場合の解決手続きが法律（労働紛争解決法 2 条）上定められている。雇用関係の終了に関する争いとは，一方当事者が行った雇用関係の終了に関する意見が一致しないことから生じる紛争をいう（労働紛争解決法 1 条 4 号）。

雇用関係の終了に関する争いは，以下の手続きで解決が図られる。

120

労使間の協議 → 労働省による斡旋又は調停 → 産業関係裁判所

労使間の協議が合意に至らない場合，労使の一方又は双方は労働省の地方事務所（労働局）に紛争の解決を申し立てることができる（労働紛争解決法4条1項）。当事者から申立を受けた後，労働局は当事者に対して調停による解決を選択することを申し出ることとされている（労働紛争解決法4条3項）。労使双方が調停又は仲裁を選択しない場合，労働局は事件を斡旋に付すとされている（労働紛争解決法2004年4条4項）。

㈍ 斡 旋

斡旋は，地方レベルの労働局に登録された斡旋人により行われる（労働紛争解決法8条1項）。斡旋人は事件の配点を受けた後，遅くとも7営業日以内に斡旋のヒアリングを行う（労働紛争解決法10条）。斡旋を通じて労使が合意に至った場合，斡旋人が証人となり労働協約が労使により締結され，管轄を有する地方裁判所内に設置される産業関係裁判所に登録される（労働紛争解決法13条1項）。

斡旋を通じて労使が合意に至らない場合，斡旋人は初回のヒアリングから遅くとも10営業日以内に書面の提案を作成し，労使双方に伝える。労使は斡旋人からの提案書を受け取った後10営業日以内に提案書についての諾否を回答する。提案書に労使双方が合意した場合，当該合意から3営業日以内に労働協約が労使により締結され，管轄を有する地方裁判所内に設置される産業関係裁判所に登録される（労働紛争解決法13条2項）。提案書に労使双方が合意しない場合，労使の双方又は一方は，当該紛争について産業関係裁判所に訴えを提起することができる（労働紛争解決法2004年14条1項）。

㈎ 調 停

調停の申立後，遅くとも8営業日以内に最初の調停期日が開催される（労働紛争解決法20条）。

調停を通じて労使が合意に至った場合，調停人が証人となり労働協約が労使により締結され，管轄を有する地方裁判所内に設置される産業関係裁判所に登

Ⅲ　現地での事業運営

録される（労働紛争解決法 23 条 1 項）。

　調停を通じて労使が合意に至らない場合，調停人は初回のヒアリングから遅くとも 10 営業日以内に書面の提案を作成し，労使双方に伝える。労使は調停人からの提案書を受け取った後 10 営業日以内に提案書についての諾否を回答する。提案書に労使双方が合意した場合，当該合意から 3 営業日以内に労働協約が労使により締結され，管轄を有する地方裁判所内に設置される産業関係裁判所に登録される（労働紛争解決法 23 条 2 項）。提案書に労使双方が合意しない場合，労使双方又は一方は当該紛争について産業関係裁判所に訴えを提起することができる（労働紛争解決法 24 条 1 項）。

㋕　産業関係裁判所

　産業関係裁判所は地方裁判所内に設置され，雇用関係の解消に関する紛争を取り扱う（労働紛争解決法 55 条・56 条 c 号）。他には労使間の権利に関する紛争，利益に関する紛争，労働組合との間の紛争を取り扱う。産業関係裁判所への提訴に先だって，斡旋又は調停を経ることが求められており，斡旋又は調停を経ずに産業関係裁判所に対して提訴した場合，当該提訴は受け付けられない（労働紛争解決法 83 条 1 項）。

　提訴から 7 営業日以内に地方裁判所長は当該事件を担当する裁判官（裁判体）を決定し（労働紛争解決法 88 条 1 項），当該裁判体は決定から 7 営業日以内に第 1 回期日を開催することとされている（労働紛争解決法 89 条 1 項）。また，第 1 回期日から 50 営業日以内に決定を行うこととされている（労働紛争解決法 103 条）。当該決定に不服のある当事者は，決定後 7 営業日以内に最高裁判所に上訴することが認められる（労働紛争解決法 110 条）[8]。

　最高裁判所が上訴を受理した場合，受理後 30 営業日以内に決定を行うこととされている（労働紛争解決法 115 条）。

　なお，労働者が産業関係裁判所の決定を得ることなく解雇され，その解雇に不服がある場合，当該労働者は解雇の日から 1 年以内に限り，同裁判所に対して訴えを提起することができる（労働法 171 条及び労働紛争解決法 82 条）。

---

8)　上告期限の 7 営業日の始期は，当事者が決定言渡し期日に出席した場合は言渡しの日，当事者が言渡し期日に欠席した場合は当該当事者が決定の通知を受領した日である。

3 知的財産権

インドネシアは WTO に加盟し，WTO の知的所有権の貿易関連の側面に関する協定を批准しており，他にも知的財産権に関するパリ条約を批准している。これらの条約に対応する国内法として，インドネシアは知的財産権に関する複数の法律を制定している。インドネシアにおいて，知的財産権を所管する官庁は，法務人権省内の知的財産権総局（Direktorat Jenderal Hak Kekayaan Intelektual, 以下「知財総局」という）である。

インドネシアにおける知的財産権は，著作権法と産業財産権（工業所有権）とに分けられる。産業財産権には，特許，商標，種苗保護，営業秘密，工業意匠及び集積回路配列保護がある。

(1) 特　許

特許権は，特許法により規定される。

特許とは，発明者が，技術分野における発明を，一定期間，独占的に活用すること又は第三者に活用を許諾することを，国により許される権利である（特許法1条1項）。

特許法における発明とは，技術分野における問題を解決する活動に用いられる発明者の発案であり，物品又は過程のいずれでもよく，又は既存の製品又は過程の改良及び発展をいう（特許法1条2項）。又，特許は，新規性があり，独創的な過程を含むものであり，産業分野に適用される発明に与えられる（特許法3条1項）。

特許権を受けるためには法務人権大臣に対して，電磁的方法又は非電磁的方法で登録を申請することとされている（特許法24条）。

特許法は，先願主義を採用しており，法務人権大臣に先に特許を出願した者に対して，請願が認められた段階で特許権を与える。特許には，通常特許と簡易特許がある（特許法2条）。簡易特許の取得手続きは，より簡易かつ短期間で行われるものであるが，権利の保護期間も短い。

特許権の保護期間は，出願の日から20年間であり，延長は認められない

（特許法 22 条）。簡易特許権の保護期間は，出願の日から 10 年間であり，延長は認められない（特許法 23 条）。

特許権は書面により譲渡可能である。特許権の譲渡は知財総局の特許リストに記録され，官報に公告されなければならない（特許法 74 条）。また，特許権は無体財産権として認識されており，担保の一種である信託担保権の対象とされている。

特許権者は，ライセンス契約により，特許の使用を第三者に許諾することができる（特許法 76 条）。当該ライセンス契約は知財総局の特許リストに記録され，官報に公告されなければならない（特許法 79 条）。この点，従来はライセンス契約の登録手続きに関する細則が定められておらず，具体的な登録が進んでいない状況があると言われていたが，知的財産ライセンス契約の登録手続きに関する法務人権大臣規則（2016 年法務人権大臣規則 8 号）が 2016 年 2 月 24 日から施行されている。これにより知的財産ライセンス契約の登録の大幅な進捗が期待される。

特許法は，ライセンス契約に規定するべき条項について定めていないが，(i) インドネシア経済を害する条項又は(ii)インドネシア国民が，特許が与えられた発明に関して，技術を習得すること及び技術を発展させることを一般的に阻害することとなる制約は認められない（特許法 78 条）。

外国での発明に対する特許の保護をインドネシアにおいて得るためには，法務人権大臣に対して特許の出願を行う必要がある。外国人が特許権を取得した場合も，当該特許権の使用をインドネシア国内の第三者に許諾することが可能である。

(2) 著 作 権

著作権は，著作権法により規定される。なお，インドネシアは文学的及び美術的著作物の保護に関するベルヌ条約と著作権に関する世界知的所有権機関条約（WIPO 著作権条約）も批准している。

著作権は，著作者人格権と（狭義の）著作権とからなり，作品の制作によって登録を必要とせずに発生する権利である。著作権は，科学，芸術又は文学の領域に関するものであり，かつ何らかの媒体（書面，ビデオ又は録音など）によ

り作成された作品に対して発生する（著作権法1条1項）。

著作権は登録を必要とせずに発生するが，著作権の登録制度があり，権利を有することの証明として登録することが可能である。

なお，著作者人格権とは，著作者に一身専属的に永久に帰属するものであり，①作品に著作者の名前を表示する権利（氏名表示権），②別名やペンネームを使用する権利，③作品を改訂する権利，④作品名を変更する権利，⑤著作者の名誉又はレピュテーションを害する方法によりその著作物を利用された場合に，著作者の著作者人格権を守る権利が認められる（著作権法5条）。（狭義の）著作権は，著作者又は著作権者に排他的に帰属し，作品から経済的な利益を得る権利である（著作権法8条）。

著作隣接権として，実演家人格権，実演家（狭義の）著作権，放送機関の（狭義の）著作権が認められる（著作権法1条5項）。

著作者人格権は，原則として永久又は作品に関する著作権の期間と同じ期間，認められる（著作権法57条）。

（狭義の）著作権の保護期間は，作品の種類により異なる。書籍，演説，教育又は科学的な目的での映像，音楽，楽器や踊りの実演，芸術作品，建築作品，地図，バティック（インドネシアの民族的な図柄）については，作成者の存命期間及び没後70年間（法人については初版から50年間）である（著作権法58条）。

写真，コンピューター・プログラム，映像及び脚本については，発表から50年間である（著作権法59条1項）。著作隣接権としての実演家の権利は，最初の実演から50年間である。レコード製作者については，最初のレコード録音から50年間である。放送番組については，最初の放映から20年間である（著作権法63条）。

著作者人格権は，著作者が生存している間は譲渡することはできない（著作権法5条2項）。（狭義の）著作権は，書面により譲渡することができる。

著作権者又は著作隣接権者は，当該権利の使用を第三者に許諾することができる（ライセンス契約）（著作権法80条）。ライセンス契約は，法務人権省における著作権ライセンス契約リストに登録しなければならない（著作権法83条1項）。この登録に関して，知的財産ライセンス契約登録手続きに関する法務人権大臣規則（2016年法務人権大臣規則8号）が2016年2月24日から施行され

Ⅲ　現地での事業運営

ている。

著作権法上，ライセンス契約に規定するべき事項は定められていないが，インドネシア経済を害する条項，他の法令に抵触する条項及び著作権者の権利を完全に奪う内容の条項は禁止されている（著作権法82条）。

著作権法は以下の条件に基づいて外国人にも適用がある。

- インドネシア国内で公開されていること。公開の方法としては，書籍，放送，展示により，インドネシア国内において閲読や視聴が可能な状態になること。
- 当該外国人の母国が，著作権及び著作隣接権の保護に関する相互条約をインドネシアと締結していること，又は当該外国人の母国とインドネシアが，著作権及び著作隣接権の保護に関する多国間条約を批准していること。

上記条件を満たした外国人の作品は，著作権法による保護を受けられ，著作権又は著作隣接権の使用を第三者に許諾することも認められる。

(3)　商　標

商標権は，商標法により規定される。なお，インドネシアは，商標の国際登録に関する条約であるマドリッド協定議定書も批准している。

商標権は，商標リストに登録された商標の所有者に対して，当該商標を独占的に，一定期間，自ら使用すること又は第三者に対してその使用を許諾する権利で国から与えられるものである（商標法1条1項）。

商標には，トレードマークとサービスマークを含む。トレードマークは特定の商品を同種の他の商品から識別する標識であり（商標法1条2項），サービスマークは特定のサービスを同種の他のサービスから識別する標識である（商標法1条3項）。2016年の法改正により，非伝統的商標である立体商標，音声商標，ホログラム商標も商標権に含まれることとなった。

商標法は，先願主義を採用している。先に商標を法務人権省に対して出願した者に対して，商標権を認めるとしている。

商標の保護期間は出願の日から10年であり，延長が認められる（商標法35

126

条)。

商標権は，書面で譲渡することができ，当該譲渡は知財総局の商標リストに記録され，官報に公告されなければならない（商標法41条）。

商標権者は，ライセンス契約により，商標の使用を第三者に許諾することができる。当該ライセンス契約は知財総局の商標リストに記録され，官報に公告されなければならない（商標法42条3項）。この登録に関して，知的財産ライセンス契約の登録手続きに関する法務人権大臣規則（2016年法務人権大臣規則8号）が2016年2月24日から施行されている。

商標法は，ライセンス契約に規定するべき条項について定めていないが，(i)インドネシア経済を害する条項又は(ii)インドネシア国民が，技術を習得し発展させることを一般的に阻害することとなる制約は認められない（商標法42条6項）。

外国の商標をインドネシアにおいて保護するためには，知財総局に商標権の出願を行う必要がある。外国人が商標権を取得した場合，当該商標権の使用をインドネシア国内の第三者に許諾することも可能である。

(4)　種 苗 法

種苗保護は，種苗保護法により規律される。

種苗保護は，種苗業者又は種苗保護の権利保有者に対して，当該権利の自身による利用又は第三者による利用に許可を与えることを認める権利であり，国から付与されるものである（種苗法1条1項）。植物の種類は，外観，成長，葉，花，果実，種子及び遺伝的な性質により特徴付けられる植物の一群であって，類似の他の種類とは決定的な特徴により区別され，繁殖によって変わらないものをいう（種苗法1条3項）。

種苗保護が与えられる植物の種類には，新規性があり，明確で，統一性があり，安定し，名称が与えられる植物又は種を含む。

種苗保護法は，先願主義を採用しており，農業省の種苗保護局に最初に申請した者に種苗保護に関する権利を与えている。

種苗保護の期間は，多年生植物については20年，一年生植物については25年である（種苗法4条）。上記保護期間は種苗保護の発行時から起算される。

127

Ⅲ　現地での事業運営

　種苗保護に関する権利は書面により譲渡することができ，当該譲渡は種苗保護局に記録され，種苗保護リストに記載されなければならない（種苗法 40 条）。

　種苗保護に関する権利の権利者は，ライセンス契約により，当該種苗の使用を第三者に許諾することができる（種苗法 42 条 1 項）。当該ライセンス契約は種苗保護局に通知され，種苗保護リストに記録されなければならない（種苗法 43 条 1 項）。知的財産ライセンス契約の登録手続きは未だ整備されていない。

　外国の種苗についてインドネシアにおいて種苗保護を受けるためには，種苗保護局に対して種苗の出願を行う必要がある。外国人が種苗保護を取得した場合，当該種苗の使用をインドネシア国内の第三者に許諾することが可能である。

(5)　営業秘密

　営業秘密の権利とは，営業秘密法に基づき認められる営業秘密に関する権利である（営業秘密法 1 条 2 項）。営業秘密は，営業秘密法により規律される。

　営業秘密は，公衆に知られておらず，技術又は事業の分野のものであり，事業活動に利用可能で経済的利益を有しており，所有者により機密として取り扱われている情報である（営業秘密法 1 条 1 項）。

　営業秘密の保護範囲は，製造方法，加工方法，販売方法，その他技術及び事業の分野における情報であり，経済的利益を有し，公衆に知られていない情報に及ぶ。

　営業秘密の保護について期間は定められておらず，情報の秘密が保持され，経済的利益を有しており，秘密の保持に必要な努力が行われている限り保護される（営業秘密法 3 条）。

　営業秘密は書面により譲渡することができ，当該譲渡は知財総局に登録され，官報に公告されなければならない（営業秘密法 5 条）。

　営業秘密の保有者は，ライセンス契約により，営業秘密の使用を第三者に許諾することができる（営業秘密法 6 条）。当該ライセンス契約は知財総局に記録され，官報に公告されなければならない（営業秘密法 8 条）。この登録に関して，知的財産ライセンス契約の登録手続きに関する法務人権大臣規則（2016 年法務人権大臣規則 8 号）が 2016 年 2 月 24 日から施行されている。

　営業秘密保護法は，ライセンス契約に規定するべき条項について定めていな

128

いが，(i)インドネシア経済を害する条項又は(ii)公正な競争を阻害する条項は認められない（営業秘密法9条）。

外国人もライセンス契約によって営業秘密の使用をインドネシア国内の第三者に許容することが認められる。

(6) 工業意匠

工業意匠権は，創作の作成者に対して，独占的に，一定期間，当該創作を利用すること又はその利用を第三者に許可することを認める権利であり，国から付与されるものである（工業意匠法1条10項）。工業意匠権は，工業意匠法により規律される。

工業意匠は，美感を起こさせる二次元又は三次元の物品の外観，形状，線や色の組み合わせであり，二次元又は三次元の模様であると認識されるような物品，工業製品又は工芸品の製造に使用できるものをいう（工業意匠法1条1項）。

工業意匠法は先願主義を採用しており，工業意匠を知財総局に最初に出願した者に対して，工業意匠権を認めるとしている。

工業意匠権の保護期間は，出願の日から10年間である（工業意匠法5条）。

工業意匠権は，書面により譲渡可能であり，当該譲渡は知財総局の工業意匠権リストに記録され，官報に公告されなければならない（工業意匠法31条）。

工業意匠権者は，ライセンス契約により，工業意匠の使用を第三者に許諾することができる（工業意匠法33条）。当該ライセンス契約は知財総局の工業意匠リストに記録され，官報に公告されなければならない（工業意匠法35条1項）。この登録に関して，知的財産ライセンス契約の登録手続きに関する法務人権大臣規則（2016年法務人権大臣規則8号）が2016年2月24日から施行されている。

工業意匠権法は，ライセンス契約に規定するべき条項について定めていないが，(i)インドネシア経済を害する条項又は(ii)公正な競争を阻害する条項は認められない（工業意匠法36条）。

外国の工業意匠について，インドネシアにおいて保護を受けるためには，知財総局に対して工業意匠権の出願を行う必要がある。外国人が工業意匠権を取得した場合，当該工業意匠権の使用をインドネシア国内の第三者に許諾するこ

Ⅲ　現地での事業運営

とが可能である。

(7)　集積回路配列保護

　集積回路配列保護は，配列デザインの作成者に対して，独占的に，一定期間，当該配列を利用すること又はその利用を第三者に許可することを認める権利であり，国から付与されるものである（集積回路配列保護法 1 条 6 項）。集積回路配列保護は，集積回路配列保護法により規律される。配列デザインとは，集積回路に用いられる回路素子や回路により構成される三次元の配列デザインである（集積回路配列保護法 1 条 2 項）。

　集積回路配列保護法は，先願主義を採用しており，集積回路配列を知財総局に最初に出願した者に，当該集積回路配列に関する権利を与えている。また，同法は，集積回路の配列デザインを最初に商業的に利用した者について，当該使用を登録申請した場合に，最初の使用から 2 年間の保護を与えている（集積回路配列保護法 4 条 2 項）。

　集積回路配列の保護期間は，申請日又は最初の商業的な利用の日から 10 年間である（集積回路配列保護法 4 条 3 項）。

　登録された集積回路配列は，書面により譲渡可能であり，当該譲渡は知財総局の集積回路配列リストに記録され，官報に公告されなければならない（集積回路配列保護法 23 条）。

　集積回路配列の権利者は，ライセンス契約により，集積回路配列の使用を第三者に許諾することができる（集積回路配列保護法 25 条）。当該ライセンス契約は知財総局の集積回路配列リストに記録され，官報に公告されなければならない（集積回路配列保護法 27 条）。この登録に関して，知的財産ライセンス契約の登録手続きに関する法務人権大臣規則（2016 年法務人権大臣規則 8 号）が 2016 年 2 月 24 日から施行されている。

　集積回路配列保護法は，ライセンス契約に規定するべき条項について定めていないが，(ⅰ)インドネシア経済を害する条項又は(ⅱ)公正な競争を阻害する条項は認められない（集積回路配列保護法 28 条）。

　外国で作成された集積回路の配列について，インドネシアにおいて保護を得るためには，知財総局に対して集積回路配列の出願を行う必要がある。外国人

130

が集積回路配列保護を取得した場合も，当該集積回路配列の使用をインドネシア国内の第三者に許諾することが可能である。

(8) 知財紛争

　上記のとおり，知的財産権に関する紛争の多くは商業裁判所が管轄権を有している。例えば，特許権に関する紛争としては，特許取消訴訟や特許権侵害に基づく損賠賠償請求訴訟などが商業裁判所で争われる。特許に関して商業裁判所に提訴される紛争は年間 70 件から 80 件程度といわれている。特許取消訴訟においては，係争となる特許について，新規性や産業において利用できることなどの要件を欠いていることや法令に抵触していることなどを理由として，特許の取消しが争われている。

　商業裁判所での訴訟以外に，行政庁による知的財産権に関する判断について争いがある場合，知的財産権の申請者や権利者は行政裁判所において，行政機関に対する訴訟を提起することが認められる。

Ⅲ　現地での事業運営

4　コンプライアンス

(1)　インドネシア子会社のコンプライアンスの重要性

　昨今日本企業の中でもコンプライアンスが重視されていることから，日本国内，特に本社での不祥事が生じる可能性は低くなっている。不祥事が生じるリスクが高いのは，子会社や関連会社，特に本社が十分に状況を把握することができない海外の会社であるといえる。特にインドネシアは，下記(2)(3)で説明するように贈収賄が広く行われているなど，コンプライアンスに関する問題が生じる可能性が高い。

　インドネシアで不祥事などが生じた場合であっても，問題が現地だけに留まるわけではなく，日本の親会社にも悪影響が及ぶ。例えば，子会社が問題を起こせば，親会社の評判も損なわれることになる。また，親会社社員が子会社への出向や子会社への指示などを行っていた場合，親会社が法的にも子会社の問題について責任を負うこともある。そして，子会社で問題が生じた場合，親会社の内部統制に不備があるのではないかとの疑念も生じるであろう。

　そのため，日本の親会社としても，インドネシア子会社でコンプライアンス問題を生じさせず，また万一問題が生じたとしても悪影響を限定するための対応を日頃から検討する必要がある。他方で，インドネシアの駐在員からは，日本の本社からコンプライアンスのための報告書の提出や煩瑣な手続きの履行などを執拗に求められ，疲弊しているとの声も聞く。

　自社のインドネシアにおけるコンプライアンス問題が生じるリスクを適切に把握しつつ，過剰とならない対応を取る必要がある。以下では，業種にかかわらず生じ得るコンプライアンス問題について説明する。

(2)　贈 収 賄

㋐　汚職の状況

　インドネシアにおけるコンプライアンスに関して，最も問題となることが多いのは贈賄である。税務，通関，駐在員のビザ取得，許認可取得などインドネ

シアでビジネスを行っていく上で，公務員との接触は不可欠であり，贈賄はあらゆるビジネスで問題となる。また，法令違反を理由として警察から賄賂の要求をされる場合もあるといわれている。

世界中の汚職防止を目的として活動している NGO である Transparency International が 2017 年に行った調査によれば，インドネシアは，調査対象となった世界 180 カ国中クリーン度（汚職が少ない度合い）が 96 番目であるとされている [9]。1 番目のニュージーランドが最も汚職が少ない国で 180 番目のソマリアが最も腐敗した国である。ちなみに，日本は，20 番目である。

91 カ国中 88 番目であった 2001 年の調査からは改善しているが，未だ汚職のリスクは高い。

国内で問題の多い分野であるが，Transparency International の調査によれば，インドネシア国民は，警察，国会，政党，司法，公務員の順に腐敗度が高いと認識しているようである [10]。この点，インドネシアでは，司法が腐敗している機関として捉えられていることが興味深く，実際にもインドネシアでは弁護士などが日常的に裁判官に賄賂を渡しているという話を聞くところである。裁判官から賄賂を要求された場合は賄賂の金額を水増ししてクライアントへ伝え，差額を着服するなど，賄賂の渡し方を公開のセミナーで説明する著名な弁護士もいたそうである。コンプライアンスの観点からは，弁護士やコンサルタントの選択にも注意すべきであろう。

(イ)　贈収賄案件に関する法制度

贈収賄案件との関係では，インドネシア法，日本法及び米国法に主に注意する必要がある。以下，それぞれの法律について説明する [11]。

なお，近時英国も Bribery Act を制定し，国外の贈賄を積極的に取り締まることを企図している。Bribery Act 制定前の事案ではあるが，自動車やエンジン製造メーカーである Rolls-Royce 社は，1980 年代から 1990 年代にかけて，

---

9)　http://www.transparency.org/news/feature/corruption_perceptions_index_2017
10)　http://www.transparency.org/gcb2013/country?country=indonesia
11)　インドネシアにおける贈収賄については，吉本祐介「インドネシアにおける汚職問題」月刊インドネシア 2014 年 1 月号（通巻 788 号）19 頁参照。

Ⅲ　現地での事業運営

スハルト元大統領の息子のTommy Suharto氏に対して，ガルーダ航空に
Rolls-Royce社製エンジンを登載させることを目的として，現金1300万ポン
ド及び自社の自動車を送っていたことなどを認め，英国Serious Fraud Office
と約5億ポンドの支払を条件に訴追の猶予を受ける合意を締結した[12]。英国
の動向についても今後注意する必要があると考えられる。

① 　インドネシア法

　インドネシアの贈収賄に関しては，汚職撲滅法が主に規定している。汚職撲
滅法の概要は表のとおりである。

汚職撲滅法	構成要件の概要	罰　則
2条	自己又は第三者が違法に利益を得て，国庫に損害を与えたこと	無期懲役，4年以上20年以下の禁固，2億ルピア以上10億ルピア以下の罰金 天災や経済危機など特別な事情がある場合には，死刑
3条	自己又は第三者の利益を得るために，自己の地位や権限を濫用し，国庫に損害を与えたこと	1年以上20年以下の禁固5000万ルピア以上10億ルピア以下の罰金
5条，刑法209条	公務員に職務に違反してある行為を行わせ，又は行わせないことを意図して，公務員に利益を供与し，又は利益を供与する約束をすること 公務員が職務に違反してある行為を行い，又は行わないことに関して，公務員に利益を供与し，又は利益を供与する約束をすること	1年以上5年以下の禁固5000万ルピア以上2億5000万ルピア以下の罰金
6条，刑法210条	裁判官の判断に影響を与える目的で，裁判官に利益を供与し，又は供与する約束をすること	3年以上15年以下の禁固1億5000万ルピア以上7億5000万ルピア以下の罰金
11条	公務員が自己の権限又は地位のために利益が供与され，又は供与する約束がなされたと信じて，利益を受領し，又は利益の供与の約束を受けたこと	1年以上5年以下の禁固5000万ルピア以上2億5000万ルピア以下の罰金

更に裁判所は，賄賂の対象となった物の没収（汚職撲滅法18条1項）や贈賄を行った会社の全部又は一部の閉鎖（汚職撲滅法20条）を命じることができる。公務員には政府職員だけでなく，国営企業の従業員も含まれる（汚職撲滅法1条2項）。

贈賄の時効は，12年である（刑法78条1項3号）。

贈収賄の基本的な構成要件は他国と共通であるものの，インドネシアでは以下のようにいくつかの特徴が存在する。

(a) 汚職撲滅委員会への報告

1点目は，公務員が利益を受領した後，30営業日以内に汚職撲滅委員会（以下「KPK」という）に対して，利益の受領を報告した場合，贈収賄が成立しないとされていることである（汚職撲滅法12C条）。

(b) 立証責任の転換

2点目は，1000万ルピアを基準として，立証責任の転換が図られていることである（汚職撲滅法12B条）。公務員が受領した利益が1000万ルピア未満の場合，刑事裁判の通常の原則どおり，検察官が受領した利益が賄賂であることを証明する必要がある。他方，公務員が受領した利益が1000万ルピア以上の場合，公務員の側で受領した利益が賄賂ではないことを証明する必要がある。そのため，インドネシアで公務員などに対して1000万ルピア以上の接待を行ったり，物を贈ったりする場合，贈収賄規制違反とならないよう，通常の場合以上に注意する必要がある。

接待や贈答に関する社内規程において，インドネシアにおける接待や贈答に関する金額基準を設ける場合には，この1000万ルピアという金額が一つの基準となり得る。すなわち，1年間1000万ルピア未満の接待や贈答については，通常の経費支出の手続きに従うこととし，他方1年間1000万ルピア以上の接待や贈答については，法務・コンプライアンス部門などの承認を必要とすることが考えられる。このような数値基準を設けることで，法務・コンプライアンス部門などの限られた資源をリスクの高い取引に集中させることができる。なお，数値基準以下の接待や贈答であっても，不正な利益を得る目的で行われて

---

12) https://www.sfo.gov.uk/cases/rolls-royce-plc/

Ⅲ　現地での事業運営

はならないことは当然である。

　(c)　警察などへの寄付

　インドネシアでは，地域によっては，進出企業が，警察や軍隊に対して，安全確保の名目で金銭や備品を寄付することが行われている。例えば，パプア島で鉱山開発を行っているアメリカ系の鉱山開発会社は，警察に対して1400万ドルを支払っていたと報道されている[13]。このような寄付が妥当かという問題はあるが，贈収賄規制との関係では，寄付が警察官や軍人個人ではなく，警察や軍隊という組織に対してなされているのであれば，「公務員」に対する利益の供与ではないので贈収賄は成立しない。但し，振込先が警察官などの個人口座となっていないかなど，公務員個人に対する利益の供与とならないよう気を配る必要がある。

　(d)　ファシリテーション・ペイメント

　微妙な問題として，ビザの取得などの各種申請に際して，手続きの円滑化のみを目的としてなされる少額の円滑化のための支払（いわゆるファシリテーション・ペイメント）がある。このような支払は，実務上コンサルタントなどを通じて頻繁に行われているものと思われる。ファシリテーション・ペイメントは，不正な利益を得る目的がないとして違法ではないと考える余地があるであろうが，インドネシア法及び外国公務員への贈賄を禁止している日本の不正競争防止法上問題ないか慎重に検討する必要がある[14]。なお，交通違反などの違法な行為に対する制裁を免れるための支払は単純な贈賄であり，ファシリテーション・ペイメントとはならない。

　(e)　法人の訴追

　汚職撲滅法上，贈賄の禁止は，個人だけではなく，法人も対象となることが明記されている（汚職撲滅法20条）。インドネシア国外に所在する者であっても，インドネシアの公務員に対する贈賄を幇助した者は，汚職撲滅法違反とな

---

13)　2011年11月8日付け Hukum Online「KPK See's Freeport Payments to Police to be Reasonable」参照。

14)　不正競争防止法において外国公務員に対する贈賄を禁止する規定は，日本が締結している外国公務員贈賄防止条約を具体化したものである。他方，インドネシアは外国公務員贈賄防止条約ではなく，腐敗防止に関する国際連合条約を批准しているが，外国公務員等に対する不正の利益の供与等の罪に関する限り，両条約の内容はほぼ同じである。

ることが明記されている（汚職撲滅法 16 条）。そのため，インドネシアの現地
法人や現地従業員が贈賄を行った場合に，理論的には日本の本社が汚職撲滅法
違反とされる可能性がある。

　しかしながら，インドネシアで法人に対して刑罰が課された実例はあまりな
く，日本企業を含む外国企業に刑事罰が課された実例は見当たらない。最高裁
判所は，法人訴追に関する規則（2016 年最高裁判所規則 13 号）を制定し，法人
訴追のための手続き整備を行ったが，未だ法人に対して刑罰が課される事例は
限られている。

Column

汚職撲滅委員会（KPK）

　インドネシアでの汚職の捜査及び起訴は，主に KPK によって行われている。
KPK は，2003 年に汚職取締りのために設置された独立の国家機関であり，政府に
10 億ルピア以上の損害を与えた事件などについて捜査権限を有する。KPK は，日
本など海外の捜査機関とも協力して，贈収賄の捜査を行っている。

　KPK には広汎な捜査権限が与えられており，特に通信傍受が極めて有効に活用
されており，インドネシアでは通信傍受に基づき贈収賄を現行犯で逮捕することも
行われている。

　KPK が政治家や警察などの有力者も捜査対象にしていることから，KPK に対す
る反発も強いようである。

---

② 　日 　本 　法

　インドネシアで贈賄が行われた場合であっても，日本法が問題となり得る。
以下では，検討が必要な法律として，不正競争防止法，国際捜査共助等に関す
る法律，逃亡犯罪人引渡に関する法律及び外国裁判所ノ嘱託ニ因ル共助法につ
いて説明する。

　(a)　不正競争防止法

　日本は，1998 年に不正競争防止法を改正し，外国の公務員に対する贈賄も
刑事罰の対象となった（不正競争防止法 18 条 1 項）。現在では外国公務員贈賄罪
に対しては，自然人については 5 年以下の懲役又は 500 万円以下の罰金（又は
これらの併科）が科せられ（不正競争防止法 21 条 2 項 7 号），法人については 3 億

Ⅲ 現地での事業運営

円以下の罰金が科せられる（不正競争防止法 22 条 1 項 3 号）。

2003 年には，日本人が日本国外で行った外国公務員に対する贈賄も刑事罰の対象とされた（不正競争防止法 21 条 8 項，日本の刑法 3 条）。そのため，インドネシアにおいて，インドネシアの公務員に対して行われた贈賄であったとしても，日本人が関与している限り，不正競争防止法が適用される。

(b) 国際捜査共助等に関する法律

インドネシアでの贈賄に日本人が関与していた場合，インドネシア政府から日本政府に対して捜査共助が要請されることがある。この場合，日本政府は，国際捜査共助等に関する法律に従って対処することになる。

国際捜査共助等に関する法律 8 条 1 項は，検察官及び司法警察員に対して，関係人の出頭を求めてこれを取り調べることや書類その他の物の所有者，所持者又は保管者にその物の提出を求めることなどを認めている。そのため，インドネシア政府の要請に応じて，日本国内で関係人の取調べや書類の提出が求められる場合がある。

関係人の取調べについては，関係人が出頭や取調べを拒否した場合には，検察官が裁判官に証人尋問を請求することができるとされていることから（国際捜査共助等に関する法律 10 条），検察官の取調べの請求に応じる方がよい場合が多いであろう。

同様に物の提出を拒否した場合，検察官及び司法警察員は，裁判官の発する令状により，差押えなどの強制処分を行うことができることから（国際捜査共助等に関する法律 8 条 2 項），捜査共助による書類などの提出要請には応じる方がよい場合が多いであろう。

反対に，インドネシア当局から捜査共助によらずに，任意の取調べや資料の提供を要請された場合には，捜査共助手続きを通じて要請を行うようインドネシア当局に求めることが考えられる。

(c) 逃亡犯罪人引渡法

日本の逃亡犯罪人引渡法は，逃亡犯罪人が日本国民であるときは，引渡条約に定めがない限り，外国に逃亡犯罪人を引き渡してはならないと規定している（逃亡犯罪人引渡法 2 条 9 号）。日本とインドネシアとは，逃亡犯罪人引渡条約を締結していないため，仮に日本人がインドネシアで贈賄を理由に起訴されたと

138

しても，日本に帰国していれば，インドネシアに引き渡されることはない。そのため，インドネシアにおける贈賄の嫌疑が生じた日本人従業員については，日本に帰国させることを検討する必要がある。

贈賄の嫌疑が生じた日本人従業員が日本にいる場合，インドネシア当局は，日本政府に引渡しを求めることはできないが，インドネシア当局が国際刑事警察機構に対して国際指名手配（Red Notice）を行うことは可能である。国際指名手配が出されたとしても，日本からインドネシアに引き渡される可能性がないことに変わりはないが，日本国外への渡航時に渡航先の国に拘束され，渡航先の国からインドネシアに引き渡される可能性がある。国際指名手配（Red Notice）が出されている者は，国際刑事警察機構のウェッブサイトに掲載されているが 15)，各国は，国際指名手配が出されたことをウェッブサイトに掲載しないことを選択することもできることから 16)，ウェッブサイトから国際指名手配（Red Notice）が出されているかどうかを確実に判断することができるわけではない。そのため，贈賄の嫌疑が生じた日本人従業員が海外に渡航する場合には，渡航先の国が国際指名手配（Red Notice）にどのように対応しているかを事前に確認しておく必要がある。

(d) 外国裁判所ノ嘱託ニ因ル共助法

インドネシアが日本法人を起訴する場合，原則として日本法人の本社において送達を行う必要がある。

日本とインドネシアとの間では，送達に関する条約は締結されていないが，外国裁判所ノ嘱託ニ因ル共助法１条により，日本の裁判所がインドネシアの裁判所の嘱託により，起訴状の送達を行うことは可能である。

但し，外国裁判所ノ嘱託ニ因ル共助法１条ノ２は，翻訳の添付や日本の裁判所がインドネシアの裁判所に同一又は類似の事項について送達を要請した場合に，インドネシアの裁判所が送達を行うことの保証（相互主義）などを要求しており，かかる要件が充足されているかを慎重に検討する必要がある。

③ 米 国 法

米国は，ロッキード事件など，多国籍企業による外国公務員に対する贈賄事

---

15) http://www.interpol.int/notice/search/wanted
16) http://www.interpol.int/FAQs

Ⅲ　現地での事業運営

犯の発覚を契機として，1977 年に外国公務員に対する贈賄を処罰する The Foreign Corrupt Practices Act of 1977（以下，FCPA という）を制定した。インドネシアにおける贈賄の摘発事例も多数あり，科される罰金の金額も日本やインドネシアとは桁違いに大きい。日本企業にとっても，インドネシアで贈賄を行ったとされることの最大のリスクは，この FCPA 違反にあると言っても過言ではない [17]。

FCPA は，贈賄防止規定と会計規定を 2 つの柱としている。贈賄防止規定は，ビジネスを得又は維持するために，外国公務員の権限内の行為又は決定に影響を及ぼす目的若しくは不適切な利益を保持する目的で，外国公務員に対して，金銭その他の利益を供与すること，又は利益の供与を約束することを禁止している [18]。会計規定は，(ⅰ)合理的に詳細，正確かつ公正に帳簿を記録すること，及び(ⅱ)経営者が適切な内部統制を維持することを義務づけている [19]。

FCPA に違反した場合，個人に対しても罰則が科される。2005 年から 2012 年にかけて，合計 93 名が FCPA 違反で訴追されており，外国人も含まれている。日本人でもカルテルと FCPA 違反の共謀により，有罪となっている人がいる。なお，日本は，米国との間で犯罪人引渡しに関する条約を締結しているため，贈賄を行った個人が日本に帰国していたとしても，米国における訴追のために米国に引き渡される可能性がある。

FCPA は，米国の法律であるため，日本企業に対して当然に FCPA が適用されるわけではない。日本企業に対して FCPA が適用される場面としては，概ね以下の場合がある。

(ⅰ)　日本企業の株式が米国で上場されている場合
(ⅱ)　米国内で贈賄の謀議を行った場合など，贈賄行為の一部が米国内で行われた場合
(ⅲ)　合弁パートナーの米国企業が贈賄を行った場合など，FCPA 違反とされた法人

---

17)　FCPA の詳細については，木目田裕＝吉本祐介「米国 FCPA ガイドラインを踏まえた日本企業の実務上の対応」商事法務 1989 号（2013 年）31 頁以下参照。
18)　15 USC §§ 78dd-1（a）及び 78dd-2（a）.
19)　15 USC § 78m（b）.

140

> や自然人の共犯とされた場合（共犯者の1人についてFCPAの管轄が認められた場合には，他のすべての共犯者についての管轄も認められることになる）

　多くの日本企業については，インドネシアにおける取引について上記(i)や(ii)が認められる可能性は少ないと考えられる。しかし，上記(iii)の他社がFCPAに違反した場合に共犯とされるリスクはあるので，FCPAが適用される者（米国企業，米国上場企業やその子会社，米国人など）が案件に関与している場合には，特に贈賄に注意する必要がある。

(3)　贈収賄の実例

㋐　インドネシア法

　インドネシアで日本企業が関係する贈収賄が摘発された事例として，①日系メーカーの現地法人による裁判官に対する贈賄に関する件と②日系商社による中古鉄道車両輸送に関する件，及び㋒の表にある日系商社による発電プロジェクトに関する件がある。以下では，上記①及び②について説明する。

① 　日系メーカーに関する件

　日系メーカーのプレスリリース及び報道によれば，同社のインドネシア現地法人は，従業員のレイオフに関連して，労働者側から裁判を提起されており，当該労働裁判において有利な判決を得ること，及び同件の上告を担当する最高裁判所裁判官に有利な判決を下すよう働きかけることを目的として，労働裁判の担当裁判官に合計約5億5000万ルピアの賄賂を渡したとされる[20]。この件に関しては，2012年1月に担当裁判官に禁固6年及び罰金2億ルピアの判決が下されるとともに，現地法人の人事担当者に対しても，禁固4年の有罪判決が下されている。更に，現地法人の元社長（日本人）も禁固3年及び罰金2億ルピアの判決を受けている。

② 　日系商社に関する件

　報道によれば，インドネシア運輸省は，日本から大手商社を通じて中古電車

---

20)　2012年5月12日付けJakarta Post「KPK detains Japanese citizen in a bribery case」参照。

Ⅲ　現地での事業運営

の車両を購入したが，輸送に関して入札ではなく随意契約により輸送業者が選定された上，車両の輸送費も不正に水増しされていた。水増しにより，インドネシア政府は，約 209 億ルピアの損害を被ったとされている。同件に関しては，2011 年 11 月に，運輸省の元鉄道局長に禁固 3 年及び罰金 1 億ルピアの判決が下された[21]。

㈠　日本・不正競争防止法

　2014 年に，日本交通技術株式会社がインドネシア，ベトナム及びウズベキスタンの鉄道事業で有利な取り計らいを受ける見返りに，これらの国の公務員に計約 1 億 4000 万円を渡したことに伴い，不正競争防止法違反で有罪となっている。同件では，日本交通技術株式会社に加えて，同社の元社長なども起訴されており，いずれも罰金刑を科されている。同社に対しては，外務省が 18 ヶ月間無償資金協力への参加を排除する措置を実施しており，独立行政法人国際協力機構（JICA）も 36 ヶ月間同機構が実施する資金協力事業（無償・有償）及び技術協力において，同機構の契約の相手方になること及び資金協力事業における調達契約の当事者になることを認めない等の措置を実施している[22]。

　また，報道[23]によれば，最終的には不起訴となったものの，上記①の日系商社に関する件において，日系商社について不正競争防止法違反の捜査が行われたとされている。同件では，汚職撲滅委員会（KPK）が日本の警視庁の捜査に協力していたとも報道されており，今後インドネシア当局による捜査に基づき，日本で不正競争防止法違反として起訴される事件も生じ得ると考えられる。

㈡　米国 FCPA

　インドネシアにおける贈収賄が米国 FCPA 違反とされた主な事例としては，下記の件が挙げられる。

　上述のとおり，FCPA 違反は件数も多く，また罰金額が年々高額になってい

---

21)　2011 年 11 月 29 日付けじゃかるた新聞「元鉄道総局長に禁固 3 年汚職特別法廷　住商の中古電車輸入事業省内の反対無視し強行」参照。
22)　http://www.mofa.go.jp/mofaj/press/release/press23_000024.html
23)　前掲注 21）2011 年 11 月 29 日付けじゃかるた新聞。

ることに注意する必要がある。

当事者	和解等の時期	インドネシアにおける贈賄の概要	罰　金
Triton Energy Corporation ほか	1997年2月	Triton Energy Corporation は，1989年から1990年にかけて，エージェントが Triton のインドネシア法人のためにインドネシア公務員に対する違法な支払を行う可能性が高いことを認識しながら，エージェントに金銭を支払った。 Triton は，Pertamina 社が原油購入代金を円滑に支払うようにするため，Pertamina 社従業員に毎月1000ドルを支払っていた。	SEC：30万ドル
KPMG Siddharta Siddharta & Harsono	2001年9月11日	会計事務所の KPMG 及びそのパートナーが，1999年，KPMG のクライアントの納税額を320万ドルから27万ドルに減額することを目的として，インドネシアの税務職員に7万5000ドルを支払った。	違法行為の差止めのみ
Monsanto Company	2005年1月6日	遺伝子組換え農作物を生産する Monsanto 社は，2002年，コンサルタントを通じて，遺伝子組換え農作物に関する環境規制の改廃を目的として，インドネシア政府高官に現金5万ドルを渡した。	司法省：50万ドル SEC：50万ドル
Alliance One International, Inc.	2010年8月6日	たばこを販売する Alliance 社のインドネシア子会社は，2004年，税務調査を終わらせ，約6万7000ドルの税金の還付を受けることを目的として，税務当局職員に対して現金約4万400ドルを支払った。	司法省：945万ドル SEC：1000万ドル
Aon Corporation	2011年12月20日	保険仲立人の Aon 社は，エネルギー規制当局の BP Migas と Pertamina 社との間の保険契約の媒	司法省：176万ドル SEC：1450万ドル

Ⅲ　現地での事業運営

		介を行うため，インドネシア政府職員に不正な支払いを行った。	
Pfizer Inc.	2012年8月7日	Pfizer社は，2009年にWyeth社を買収した。Wyeth社のインドネシア子会社は，2005年から2010年にかけて，①医師が同社の栄養食品を患者に勧めること，②同社の製品を新生児の母親に渡すこと，及び③マーケティングのために新生児に関する情報を入手することを目的として，インドネシア国営病院の医師その他の職員に対して，従業員及びエージェントを通じて，現金及び栄養食品を渡していた。	司法省：1500万ドル SEC：Pfizer 2634万ドル Wyeth 1888万ドル
Tyco International Ltd.	2012年9月24日	防犯，防火及びエネルギー関連製品の製造及び販売を行うTyco社のインドネシア子会社は，2003年から2005年にかけて，バンジャルマシンでのプロジェクトに関連して，バンジャルマシンの水公社の元職員及びプロジェクトマネージャーに対して，35万8000ドルを支払った。 また，同インドネシア子会社は，バンジャルマシンの他のプロジェクトに関して，政府系企業の職員への違法な支払に充てるため，販売エージェントに約2万3000ドルを支払った。	司法省：1368万ドル SEC：1312万ドル
Allianz SE	2012年12月17日	保険会社のAllianzのインドネシア子会社は，2001年から2008年にかけて，政府の大規模プロジェクトの保険契約を獲得するため，インドネシア政府系企業の従業員に対して，合計約65万ドルを支払っていた。	SEC：123万ドル 司法省は不起訴

144

Diebold, Inc.	2013年10月22日	ATMを販売するDiebold社は，2005年から2010年にかけて，インドネシアの国営銀行職員などに対して，合計約175万ドル相当の贈答や業務外の出張費用の負担などを行った。	司法省：2520万ドル SEC：2290万ドル
Smith & Wesson Holding Corporation	2014年7月28日	銃器製造メーカーであるSmith & Wessonは，2009年に，インドネシア警察から銃器の調達先に選定されるために，代理店を通じて不正な支払を行った。代理店は，銃器の検査費用として，インドネシアの警察官に賄賂を渡そうとしたが，結局調達契約を締結できなかった。	SEC：200万ドル
Alstom S.A.	2014年12月22日	発電機器及び輸送機器メーカーであるAlstom社は，2002年から2009年にかけて，インドネシアにおける発電事業入札を落札するため，インドネシア国会議員に対して，コンサルタントを通じて支払を行った。	司法省：7億7229万ドル
Louis Berger International, Inc.	2015年7月17日	建設コンサルティング会社であるLouis Berger International, Inc.は，2005年から2010年にかけて，インドネシア政府から契約を獲得するため，従業員及びエージェントを通じて，政府職員に「コミットメント・フィー」などの名目で金銭を渡していた。	司法省：1710万ドル
General Cable Corporation	2016年12月22日	銅ケーブルや光ファイバーを製造するGeneral Cable Corporationは，2010年から2014年にかけて，PLN社へ製品を販売するため，フォワーダーに220万ドルを支払い，200万ドルの利益を得た。	司法省：2047万ドル SEC：5528万ドル

Ⅲ　現地での事業運営

⑷　独占禁止法

インドネシアにおけるコンプライアンスについては，独占禁止法についても
留意する必要がある。

各国の独占禁止法は，自国の市場への影響を考慮しているため，たとえイン
ドネシア国内で独占禁止法違反の行為がなされたとしても，他国の独占禁止法
が適用される可能性がある。例えば，米国への輸出向け製品について，インド
ネシア国内でカルテルに合意した場合，米国法に基づく処罰も課される可能性
がある。

以下では，インドネシアの独占禁止法のみについて解説することとする。

⑺　法 制 度

インドネシアは，アジア通貨危機後の 1998 年に国際通貨基金（IMF）との
間で，1998 年 12 月までに独占禁止法を国会に提出することを約束し[24]，
1999 年に独占禁止法が制定された。

独占禁止法においては，下記の行為などが禁止されている。

- 寡占（独占禁止法 4 条・13 条）
- 価格操作（独占禁止法 5 条）
- 差別的対価の設定（独占禁止法 6 条）
- 市場価格を下回る価格とする合意（独占禁止法 7 条）
- 再販売価格の拘束（独占禁止法 8 条）
- 市場分割（独占禁止法 9 条）
- 共同の取引拒絶（独占禁止法 10 条）
- カルテル（独占禁止法 11 条）
- トラスト（独占禁止法 12 条）
- 垂直的統合（独占禁止法 12 条）
- 排他条件付き取引（独占禁止法 15 条）
- 私的独占（独占禁止法 17 条・18 条）

---

24)　1998 年 7 月 29 日付け Letter of Intent and Memorandum of Economic and Financial Policies.

4　コンプライアンス

- 市場操作（独占禁止法 19 条）
- 不当廉売（独占禁止法 20 条）
- 入札談合（独占禁止法 22 条）
- 不当な営業秘密の入手（独占禁止法 23 条）

　上記の各行為は，日本の独占禁止法に類似しているといえる。しかしながら，インドネシアでは，独占禁止法違反になる各行為の詳細を定めるガイドラインなどが十分に整備されているとはいえず，また摘発件数も限られていることから，解釈が定まっていない点も多い。そのため，安易に日本と同じと考えることなく，慎重に検討を行う必要がある。

　例えば，日本の独占禁止法との関係では，公正取引委員会が定めたガイドラインによって，メーカーの直接の取引先が単なる取次ぎとして機能しており，実質的にみてメーカーが販売していると認められる場合には，メーカーが当該取引先に対して価格を指示しても，通常，違法とはならないとされている[25]。当該規定に基づき，メーカーが商社と取引先との間の販売価格を決定し，商社は一定の割合の口銭を取得していることも多い。しかしながら，インドネシアでは，このようなガイドラインはないため，メーカーが商社と取引先との間の販売価格を決定してしまうと再販売価格の拘束に該当する可能性がある。

　なお，インドネシアの独占禁止法においては，日本や米国，EU と異なり，カルテルなどを行った事業者が自ら違反事実を申告することで課徴金の減免を得ることができるリニエンシー手続きは規定されていない。そのため，独占禁止法を管轄する事業競争監視委員会（以下 KPPU という）の独占禁止法違反の調査能力は未だ限定的であるといえる。

　また，インドネシアにおいては，経済分析などの間接証拠は，証拠として認められず，間接証拠に基づきカルテルなどを立証することはできないとされている。そのため，立証の面でのハードルも高いといえる。

　ただし，国会で独占禁止法の改正が議論されていることに注意する必要があ

---

25)　「流通・取引慣行に関する独占禁止法上の指針」第 2 部第一 2（6）。

147

Ⅲ　現地での事業運営

る。改正法では，リニエンシー手続の導入など現行の独占禁止法の問題点の是
正が行われる予定である。

(イ)　実　例

　KPPU は，いくつかのカルテルを摘発しているが，インドネシア最高裁判所
は，食用油，航空機のサーチャージ及び高血圧薬のカルテルにおいては，間接
証拠の採用を否定し，カルテルの成立を認めなかった。

　また，日系企業が関係する案件として，KPPU が自動車用タイヤのカルテル
の疑いで審理を開始した旨が公表されている[26]。さらに，2017 年 2 月，
KPPU は日系オートバイメーカー 2 社に対して，オートバイの販売に関するカ
ルテルを結んだとして合計 475 億ルピアの罰金を課している。

(5)　その他の問題

　(1)から(4)で述べたほか，インドネシアの法務において，問題となることが多
い点について，簡潔に説明する。

(ア)　通　貨　法

　インドネシアは，2011 年 6 月に，インドネシア通貨に関する 2011 年法律
第 7 号（以下「通貨法」という）を制定し，同法は制定後直ちに施行された。通
貨法の相当部分は，インドネシア通貨であるインドネシアルピアの紙幣に記載
される人物などに関する技術的な規定や通貨偽造の禁止などに関するものであ
るが，その中にインドネシアルピアの利用を強制する規定も盛り込まれている。

　自国の通貨の利用を推進する法律は，インドネシアに限らずみられるもので
あり，例えば日本の民法も外国通貨をもって債権額を指定したときであっても，
日本円で弁済することができると規定している（日本の民法 403 条）。しかしな
がら，通貨法は，かかる範囲を超えて，支払を目的とした取引，金銭債務の決
済及びインドネシア国内で行われるその他すべての金融取引についてインドネ
シアルピアの使用を強制し，違反した場合には 1 年以下の禁固及び 2 億ルピ

---

26)　http://www.kppu.go.id/id/2014/05/enam-pelaku-usaha-ban-mobil-diduga-melakukan-kartel-pen
　　etapan-harga/

ア以下の罰金を課すような規定になっている（少なくとも通貨法の規定上はそのように規定されているように読める。〔通貨法 21 条 1 項・33 条 1 項〕）。なお，海外との間の送金，貿易取引，外貨預金及び国際金融取引については，かかる規定の適用がないことが明示されている（通貨法 21 条 2 項）。

インドネシア財務省は，2011 年 12 月に通貨法に関する公式見解を発表していた。公式見解によれば，インドネシアルピアの使用が強制されるのは，現金で決済する取引だけであり，外国通貨での振込などは引き続き許容されるとのことである。かかる見解によれば，少なくとも企業間において銀行振込などでなく現金で決済する取引は少数であることから，従前の取引実務を変更する必要はないと理解されていた。しかしながら，インドネシア銀行は，2015 年 3 月 31 日，通貨法に基づき新規則（17/3/PBI/2015）を制定した。同規則では，現金決済に限らず，振込についてもインドネシアルピアの使用を強制する内容となっている。振込へのインドネシアルピアの使用強制は，2015 年 7 月 1 日から効力を有している。

㈡ 個人情報保護

日本においては，情報漏洩などが問題となっており，個人情報保護のための適切な体制を構築しておく必要がある。インドネシアにおいても，個人情報は一定程度保護されている。個人情報保護に関する一般法はないが，電子取引における個人情報保護に関する規則（2016 年通信情報省規則 20 号など）が制定されている。また，健康に関する 2009 年法律 36 号（健康に関する秘密の保護を規定している），金融機関の秘密保持及び顧客情報保護に関する金融サービス庁通達 14/SEOJK.07/2014 など各事業分野に応じた個人情報保護に関する規制も制定されており，自社に適用される法律を個別に確認する必要がある。

Ⅲ　現地での事業運営

5　紛　争　解　決

(1)　訴訟手続き

(ア)　根　拠　規　定

　インドネシアの法体系はその歴史的な沿革により，いくつかの法源を有する。法源としては，インドネシア各地の民族固有の慣習法（アダット）やイスラム教の教義に基づくイスラム法があり，それに加えて 17 世紀からのオランダによる統治時に導入されたオランダ法がある。インドネシアの民事訴訟に関しては，オランダ統治時代に制定された民事訴訟に関する法律が現在においても有効な法律として存在している。

　オランダ統治時代に制定された民事訴訟に関する法律としては以下のものがある。

(i)　改正インドネシア手続法（Het Herziene Indonesisch Reglement, HIR）
(ii)　域外手続法（Rechtsreglement Buitengewesten, RBg）
(iii)　西洋人に対する民事手続法（Reglement op de Rechtsvor-dering, Rv）

　改正インドネシア手続法はジャワ島及びそれに隣接するマドゥラ島で適用される法律として 1941 年に制定され，域外手続法はそれ以外の地域で適用される法律として 1927 年に制定されている。いずれも原文はオランダ語で規定されている。

　1945 年にインドネシアがオランダの統治から独立した時点で，オランダ統治時代に制定された法律を廃止して，インドネシア独自の法律を制定することができれば理想的であったが，実際問題として独立時点で効力を有していた法律をすべて廃止して，新たに法律を制定することは現実的ではなかった。そのため，1945 年に制定されたインドネシア憲法において，独立時に効力を有していたすべての法律は，新法が制定されるまでの間，引き続き効力を有するこ

150

とが定められた（1945年憲法経過規定）。この経過規定により上記(i)改正インドネシア手続法（Het Herziene Indonesisch Reglement, HIR）及び(ii)域外手続法（Rechtsreglement Buitengewesten, RBg）は引き続き効力を有することとなった。また，上記(i)と(ii)については1951年1月1日付緊急法，最高裁判所1964年第19号通達及び1965年第3号通達においても効力を有することが確認されている。

　なお，これに対して上記③西洋人に対する民事手続法は，現時点では効力を有していないとの見解が一般的である。上記1945年憲法経過規定によれば，理論的には上記③も有効であると解する余地があるが，実務上は，法的効力は有さない民事手続きの解釈指針として利用されているようである。

(イ)　具体的手続き

　一般的な第一審の民事訴訟手続きの概要は以下のとおりである。

- 原告による訴状の提出と訴訟費用の支払
- 受理された事件を地方裁判所所長が審理を担当する裁判体に配点する
- 裁判所（裁判体）は第一回公判期日を指定して訴状の写しを被告に送達する
- 当事者が指定された期日に裁判所に出頭する
- 裁判所は当事者に対して和解の機会を与える
- （和解不成立の場合）第一回公判期日において原告が訴状を陳述する
- 第二回公判期日において被告が答弁書を陳述する
- 原告の反論と被告の再反論
- 原告による立証と被告による立証
- 当事者による最終弁論
- 判決

　インドネシアの民事訴訟における特徴的な手続きとして，第一回公判期日において必ず和解の機会を与えることとされている。日本の民事訴訟手続きにおいても，裁判所はいつでも和解を試みることができるとされており，和解調書は確定判決と同一の効力を有するとされている。インドネシアにおいては和解

Ⅲ　現地での事業運営

の試みが必要的とされており，法律の規定上は和解による解決を重視する姿勢が表れている。もっとも，実際には第一回公判期日において和解で解決されることは多くないようである。

　次に，日本においては事件は裁判所内部で定められた基準に従って，事件を担当する裁判体（裁判官）が決定されているが，インドネシアではある事件をどの裁判体に配点するかを裁判長がその裁量で決定することができる。また，裁判体を構成する裁判官は固定されておらず，事件ごとに異なる裁判官により裁判体を組成することも可能とされている。これにより，事案の内容に応じて担当裁判体や裁判官を決めることができ，より適切な事件解決が期待される面がある。他方で，裁判官による恣意的な配点も可能となり，場合によっては裁判所所長による事件の配点に関しても賄賂の授受が行われ，一方当事者の都合のよいように裁判体が構成される可能性も否定はできない。

　そして，最高裁判所規則により，第一審は案件の受理から6ヶ月以内に終了することとされている。もっとも，6ヶ月内に終了しなかった場合も訴訟手続きや判決の効力に影響はなく，期間設定は努力目標であると解されている。また，訴訟終了までの期間が定められていることも理由の一つであると思われるが，インドネシアの第一審においては公判期日が毎週開催されることが通常となっている。このことは裁判の迅速な進行に資することは間違いないが，主張や証人尋問も毎週行われることになり，準備の時間を十分に確保することが容易ではない。例えば証人尋問では，事前に証人による回答方針や質問事項の確認などの準備が必要であり，毎週の開廷となると当事者の負担は非常に大きくなるので，事前の十分な準備が求められる。

　また，判決の言渡し時に判決書ができていることは求められていない。したがって，言渡しの後に裁判所が判決書を作成することが通常の手順となっている。そのため，極まれに，言い渡された判決と判決書の記載内容が異なることも起こり得るといわれている。

㋒　控　訴

　当事者が第一審判決に不服がある場合は，判決の宣告後14日以内に高等裁判所に控訴することができる（司法権に関する法律〔2009年法48号〕26条1項及

び控訴審に関する法律〔1947年法20号〕6条）。

控訴審（第二審）は，控訴受理後3ヶ月以内に審理を終了することとされているが，実際には6ヶ月以上かかることが多いようである。控訴審は原判決に瑕疵が無いか検討する事後審として機能している。なお，日本の民事訴訟における控訴審が，第一審から引き継いで審理を継続する続審構造とされていることと異なる。

控訴の具体的な手続きは以下のとおりである。

地方裁判所の判決に不服のある当事者は，判決を通知された日から14日以内に控訴状を地方裁判所に提出することとされている。当事者が第一審の判決期日に出席した場合は，14日間の期間は判決期日の翌日から起算される。当事者が判決期日に出席しなかった場合は，裁判所からの判決の通知を受領した日の翌日から起算される。14日目が土曜，日曜又は祝日である場合，最高裁判所規則によれば控訴期間の満了日は次の営業日となる。

控訴人は，控訴状の提出後，控訴理由書を提出することができる。控訴理由書の提出は控訴人の権利であって義務ではないので，控訴理由書を提出しないことも認められる。控訴人が控訴理由書を提出した場合，被控訴人は控訴答弁書を提出することが認められている。

控訴状が提出された場合，地方裁判所は控訴証書を作成して登録し，被控訴人に対して控訴があった旨を通知する。地方裁判所による被控訴人に対する通知は控訴証書の登録から14日以内に行うこととされている。

控訴人と被控訴人の双方から必要な書類の提出を受けたのち，地方裁判所は事件記録を高等裁判所に対して送達する。高等裁判所への事件記録の送達は，控訴証書の登録から30日以内に行うこととされている。もっとも，実務上は事件記録の送達が上記30日の期間を超過して行われることが多くみられる。

控訴理由書は控訴状と同時に提出されることもあれば，控訴状の提出後に提出されることもある。控訴理由書が控訴状の提出後に提出された場合も，被控訴人には控訴答弁書の提出が認められる。

事件記録が高等裁判所に送達されたのち，高等裁判所は事件記録に過不足がないか確認し，十分であると判断した場合は事件番号とともに地方裁判所に対して通知を行い，併せて当事者に対しても通知を行う。事件記録が不十分であ

Ⅲ　現地での事業運営

る場合，高等裁判所はその旨を通知するとともに事件記録を地方裁判所に対して返送する。

　通常，高等裁判所は当事者の出席を求める期日を開かずに事件記録に基づき判断を行うが，判断のために追加の資料や情報が必要であると考える場合は，期日を開き当事者からの資料の提出などを求めることができる。

　高等裁判所が決定を行った場合，高等裁判所は決定から7営業日以内に決定の写しを地方裁判所に送付することとされている。それを受けて，地方裁判所は決定の写し又は抄録を当事者に送付することとされている。

　最高裁判所の通達によれば，高等裁判所の手続きは3ヶ月以内に完了することとされているが，実際には半年から2年程度かかることが通常である。

(エ)　最高裁判所への上告

　さらに，控訴審判決に不服がある場合は，判決後14日以内に最高裁判所に対して上告することが認められている。最高裁判所の滞留件数は数万件に達しているといわれており，案件処理に長期間要することが常態化している。

　また，インドネシア特有の制度として，確定した事件に対して最高裁判所による司法審査手続き（Judicial Review）が行われることがある。日本の再審に類似した位置づけとして機能しているが，日本の再審よりも最高裁判所に受理される可能性及び最高裁判所の判決が覆される可能性のいずれも高い。

(2)　仲　裁

(ア)　はじめに

　仲裁とは，当事者の合意に基づき，第三者（仲裁人）の判断により民事紛争を裁判外で解決する紛争解決方法のことである。インドネシアにおいて仲裁法（1999年法30号）が制定されており，国内仲裁及び外国仲裁について規定している。仲裁は，裁判外の手続きであって，事案に応じた柔軟な手続きが期待できる。また紛争解決の判断を行う仲裁人を当事者等が選び，それぞれの紛争が関連する分野の専門家を選任することも可能である。例えば，建設紛争などの紛争内容の理解や判断に専門知識が求められる紛争では，当該分野の専門家を仲裁人として選任することができる。インドネシアの裁判所は，残念ながら汚

職の問題があると言われているが，仲裁人には各分野の専門家で名声の高い人物が選任されることが多く，汚職の恐れは小さいと考えられている。そのため，裁判所での汚職が問題となる場合には仲裁を利用する意義は大きい。

　紛争解決方法として仲裁を利用する場合は，予め当事者間で紛争が発生した場合には仲裁を利用することを契約において合意しておく必要がある。仲裁の場所としてはインドネシア国内での仲裁の他に外国の仲裁を選ぶことが可能である。外国企業にとっては，仲裁判断例の蓄積があり，判断内容の予測可能性の高いシンガポールや香港の仲裁が選ばれることが多いが，日本の仲裁を選択することも可能である。

　仲裁手続きが完了し，仲裁判断を得た場合，それに基づき紛争の相手方に仲裁判断の内容の履行を求めることになるが，相手方が任意に履行しない場合は強制執行することになる。インドネシアの仲裁法は，一定の要件を満たす場合に国内仲裁及び外国仲裁の判断のインドネシア国内での執行を認めている。

(イ)　国内仲裁

　インドネシア国内の仲裁機関として最も利用されているのはインドネシア全国仲裁廷（Badan Arbitrase Nasional Indonesia. 通称は BANI）。BANI は 1977 年に設立され，ジャカルタの本部の他にスラバヤ，バンドン，デンパサール，メダンなどの都市に事務所を有している。2016 年に BANI は 2 つの組織に分裂し，いずれが正統な仲裁機関かを巡る争いが続いている。そのため契約で定める紛争解決方法として BANI を選ぶ場合は，いずれの BANI であるかを明確にするため，BANI の住所を記載するなどして特定することが望ましい。

　仲裁が受理されてから 6 ヶ月以内に仲裁判断がなされることになっており，迅速な手続きが予定されている。仲裁判断がなされるまでの期間が 6 ヶ月という点はシンガポールの仲裁機関である SIAC よりも短期間であり，迅速な紛争解決に役立つといえる。もっとも，紛争が複雑である場合など，内容によっては半年以上かかる場合もある。

　また，仲裁に要する費用としては仲裁機関に支払う仲裁費用と各当事者が雇う弁護士費用が必要となる。仲裁費用は請求額に応じて定められ，BANI の規則によれば，請求額が 1 億円の場合は約 400 万円，3 億円の場合は約 600 万

Ⅲ　現地での事業運営

円，5億円の場合は約800万円とされている。BANIの仲裁費用はシンガポールの仲裁廷であるSIACよりも低額である。

　仲裁法によれば，国内の仲裁機関により仲裁判断がされた場合，仲裁判断が出された日から30日以内に仲裁人又はその代理人が，仲裁判断の原本又は真正な写しをを地方裁判所に提出して，仲裁決定の登録を行わなければならない（仲裁法59条1項）。30日以内に仲裁判断を地方裁判所に提出しない場合，当該仲裁判断を執行することは認められない（仲裁法59条4項）。また，執行のための仲裁判断は，終局的なものであり，かつ当事者を法的に拘束する効力を有するものである（仲裁法60条）。一方当事者が仲裁判断を任意に履行しない場合，当該紛争の他方当事者の求めに応じて，地方裁判所所長が命令し，仲裁判断の執行が可能となる（仲裁法61条）。地方裁判所所長は，執行命令の判断の際には仲裁判断の根拠となる実質的な理由は検討しないこととされている（仲裁法62条4項）。これは仲裁判断の執行の場面で紛争の蒸し返しが行われないようにするためであると思われる。

　地方裁判所所長による執行判断を得るためには以下の要件を満たすことが必要である。

- 当事者が紛争解決方法として仲裁を利用することを書面で合意していること（仲裁法4条1項及び2項）
- 紛争が商事分野の権利に関する紛争であり，当事者が合意により解決することができないものでないこと（仲裁法5条1項及び2項）
- 仲裁判断が公序良俗に反するものでないこと（仲裁法62条2項）

　地方裁判所所長による執行命令は，仲裁判断の原本又は真正な写しに付記され（仲裁法63条），インドネシア国内の民事訴訟手続きに従って執行される（仲裁法64条）。

　BANIにおける仲裁には，インドネシア国外における仲裁と比べて，以下のようなリスクがある点に注意する必要がある。

156

- BANI が 2 つの組織に分裂しており，いずれかの組織に仲裁を申し立てればよいか不明確となっている。
- 仲裁におけるヒアリングが 1 週間から 2 週間に 1 回開催されることから，インドネシア国外に所在する外国人が仲裁人となることが実際上困難であり，インドネシア人が仲裁人となることがほとんどである。
- 専門性の高い仲裁を扱うことができる仲裁人が限られている。
- 仲裁の言語を英語とした場合であっても，実際上証拠などのインドネシア語翻訳が要求される場合がある。

㈡ 外国仲裁

　自国外で行われた仲裁の強制執行に関する「外国仲裁判断の執行及び承認に関する条約」（いわゆるニューヨーク条約）をインドネシアも承認しており，インドネシア仲裁法は，インドネシア国外で行われた仲裁判断のインドネシア国内での執行を認めている。

　日本企業等の外国企業が当事者となる契約において仲裁を紛争解決方法として指定する場合は，シンガポール，香港や日本などが仲裁地として指定されることも多い。特に最近はシンガポールの仲裁機関である SIAC（Singapore International Arbitration Center）を選択するケースが増加している。シンガポールの仲裁は，インドネシアからの距離が近く移動がしやすいこと，インドネシア国内での仲裁に比べると判断の透明性が高いこと，著名な仲裁人が仲裁人候補として登録されていることなどがメリットである。

　インドネシア国外の仲裁機関が行った仲裁判断のインドネシア国内での承認及び執行については，ジャカルタ中央裁判所が管轄権を有している（仲裁法65条）。外国仲裁判断がインドネシア国内で承認され，執行されるためには以下の要件を満たす必要がある（仲裁法66条）。

- 外国仲裁判断が，インドネシアが加盟している外国仲裁判断の承認と執行に関する条約を締結している国の仲裁廷において又は当該国の仲裁人により行われたこと

Ⅲ　現地での事業運営

- 外国仲裁判断がインドネシア法における商事法の範囲内で行われたこと
- 外国仲裁判断がインドネシアの公序良俗に反しないこと
- ジャカルタ中央裁判所の所長から執行命令を得ていること
- 外国仲裁判断の当事者がインドネシア政府である場合は，インドネシアの最高裁判所から許可証（exequatur）を得ていること

　ジャカルタ中央裁判所の所長が執行命令を出した後の具体的な執行手続きは，執行について管轄権を有する地方裁判所に移管される（仲裁法69条1項）。

　ジャカルタ中央裁判所の所長による執行命令に対しては高等裁判所への控訴や最高裁判所への上告は認められないが（仲裁法68条1項），ジャカルタ中央裁判所の所長が執行を認めない判断を行った場合は最高裁判所に対して異議申立を行うことができる（仲裁法68条2項）。

　以上のとおり，外国仲裁判断をインドネシア国内で執行することも制度上可能であるが，相手方が外国仲裁判断が公序良俗に違反すると主張して争いになる，ジャカルタ中央裁判所の所長による執行命令発令が遅延するなど，実務上は様々な理由で円滑な執行を行うことができない事例も多いといわれている。仲裁判断のインドネシア国内での円滑な執行の観点からは，外国仲裁判断より国内の仲裁判断の方が円滑な執行が期待できる状況のようである。

(3)　強制執行

㋐　国内裁判

　当事者が裁判所の判断に任意に従わない場合，判決を強制執行して，勝訴した当事者の権利実現を図ることが必要となる。改正インドネシア手続法は判決の強制執行に関する手続きを定めている（仲裁法195条〜208条）。

㋑　執行の開始

　第一審裁判所が行った判決の確定後，当事者が強制執行を行うことを希望する場合，当該強制執行は判決を行った第一審裁判所の指揮により行われる（改正インドネシア手続法195条1項）。強制執行の対象となる財産が当該第一審裁判

所の管轄地域外にある場合，当該地方裁判所の所長は，管轄権のある地方裁判所の所長に対して支援を求めることとされている（改正インドネシア手続法195条2項）。

　敗訴者が判決に従って義務を履行する意思がない又は適切な履行を怠った場合，勝訴者は判決を行った地方裁判所所長に対して判決の強制執行を求めることができ，当該地方裁判所所長は敗訴当事者に対して出廷を求め，一定期間内に判決に従って義務を履行するよう催告を行う（改正インドネシア手続法196条）。敗訴者が出廷しない場合又は判決に従って義務を履行しない場合，地方裁判所所長は敗訴者の動産又は不動産に対する差押えを命じる（改正インドネシア手続法197条1項）。条文上は不動産に対する差押えは敗訴者が動産を保有していない又は動産では不十分である場合に認められている。また差押えは原則として地方裁判所書記官が行うこととされている。

　差押えの対象となる動産には現金や有価証券が含まれ，また第三者が占有する有形動産も含まれるとされている。もっとも，敗訴者自身の生計を維持するのに絶対的に必要な家畜や道具を差し押さえることはできないとされている（改正インドネシア手続法197条8項）。また，銀行預金債権などの債務者の債権に対する差押えも可能と解されている。もっとも，債権の強制執行は動産に対する執行に準じて行われているが，明文規定上手続きが明確でない部分がある。

(ウ)　執行手続き

　具体的な執行業務は裁判所書記官が行い，執行業務に関する調書を作成する。差押えには2名の証人による立会いが求められており，当該証人も上記調書に署名する（改正インドネシア手続法197条6項）。書記官が動産を差し押さえた場合，差押えを受ける者に保管させるか，動産を適切な保管場所に移動させることとされている（改正インドネシア手続法197条9項）。また，差押えに関する調書が公示された日より，差押えを受けた者は当該被差押物の移動，抵当権の設定，第三者への賃貸を行うことができないとされている（改正インドネシア手続法199条1項）。

Ⅲ　現地での事業運営

㈓　競売手続き

差し押さえられた財産の売却は，競売所又は裁判所が指名する者が行うこととされている（改正インドネシア手続法 200 条 1 項）。実務的には国営の競売所での売却が利用されることが多い。

なお，同一の債務者に対して，同時に複数の債権者から複数の確定判決に基づく強制執行の申立が行われた場合，一回の差押えによって複数の債権を満足させるために必要な財産を差し押さえることが認められる（改正インドネシア手続法 201 条）。また，ある債権者からの申立に応じて差押えが行われ，換価手続きを行う前に別の債権者からも強制執行の申立が行われた場合には，既に差し押さえている財産から得られる金銭を複数の債権の満足のために使用することができ，不足があれば追加で差押えを行うことができる（改正インドネシア手続法 202 条）。裁判所は当事者の審尋を行った上で，差押え物の売却から得られる金銭の分配方法を決定する（改正インドネシア手続法 204 条 1 項）。裁判所による分配方法の決定が確定した場合，裁判所は競売所に通知するとされている（改正インドネシア手続法 205 条）。

㈔　仲裁の執行

インドネシア国内外で行われた仲裁判断のインドネシア国内での執行も認められている。具体的な手続きについては前述のとおりである。

㈕　外 国 判 決

外国の裁判所による判決（外国判決）をインドネシア国内で執行することはできないと解されている。インドネシアの民事訴訟法上，外国の裁判所による判決のインドネシア国内での執行を否定する明文規定は定められていないが，西洋人に対する民事手続法（Rv）において，外国判決の執行力が否定されており，実務上もそれに沿った運用が行われているようである。したがって，相手方のインドネシア国内に存在する財産に対する強制執行を予定する場合，インドネシアの当事者との契約において，紛争解決方法としてインドネシア国外の裁判所を選択することは避ける必要がある。

⑷　紛争解決の合意

　契約関係のある当事者間で紛争が発生して，当事者間での協議や交渉では解決できない場合に第三者機関による判断により紛争の解決を図ることになる。第三者機関の代表的なものは裁判所であり，裁判所の判断により紛争解決を図ることになる。紛争解決機関として裁判所を選択する場合は，どの裁判所において紛争解決を図るかについて合意する（管轄の合意）。もっとも，前述の様に外国裁判所の判断をインドネシアにおいて執行することは認められていないので，相手方のインドネシア国内に存在する財産に対する強制執行を予定する場合，インドネシア企業を当事者とする契約において，インドネシア以外の裁判所を選択することは避ける必要がある。

　契約の当事者は，本来，自由な裁量により，任意の時期に管轄権を有する裁判所に訴えを起こして解決を図ることが認められている。しかしながら，裁判所の審理は一般的には手続きが法律で厳格に定められているため，判決までに時間がかかることや手続きが硬直的で使いにくいことがあり得る。そのように，裁判所での紛争解決が事案に応じて不都合である場合には，契約当事者間で事前に紛争解決方法を定めることがある。その具体例として，裁判所ではなく私人である仲裁人による判断によって紛争解決を図ることがある。紛争解決を仲裁廷で行う旨を合意するものである。

　日本における仲裁法によれば，仲裁合意とは，既に生じた民事上の紛争又は将来において生ずる一定の法律関係（契約に基づくものであるかどうかを問わない）に関する民事上の紛争の全部又は一部の解決を1人又は2人以上の仲裁人にゆだね，かつ，その判断（仲裁判断）に服する旨の合意をいうとされている（仲裁法2条1項）。

　仲裁合意を行っていれば，紛争が生じたとしても，インドネシアの裁判所において紛争解決を図る必要がないはずであるが，実際には仲裁合意が無効であるとしてインドネシアの裁判所で争われる場合や，インドネシアの裁判所が仲裁合意を無視して裁判手続きを進める場合も散見される。

Ⅲ　現地での事業運営

⑦　仲裁のメリット・デメリット

　紛争解決方法として仲裁を選択する場合，既述のように仲裁のメリットとデメリットを踏まえて判断することが必要である。仲裁のメリットとしては一般的に以下のものがある。

> (ⅰ)　手続きが柔軟で事案の内容に応じた対応が可能である。
> (ⅱ)　仲裁人を当事者が選ぶことができるので，事案の内容に応じた専門家による判断が期待できる。
> (ⅲ)　汚職のリスクが小さい。

　上記(ⅱ)については，例えば特に建設紛争や不動産開発案件に関する紛争において適切な判断を行うためには建設分野の知識が不可欠な場合が多く，実際に仲裁が利用される場合も多いと思われる。上記(ⅲ)については，特にインドネシアを含む発展途上国においては裁判官による汚職リスクが高い国が多いので，仲裁を選択する大きな要素となる。

　他方で，仲裁のデメリットとしては以下のものがある。

> (ⅰ)　仲裁による判断は一回のみであり，裁判の様に上級裁判所に対する上訴や上告は認められない。そのため，何らかの事情により十分な主張や立証が行えなかった場合であっても，再度の主張等を行うことは認められない。そのため，仲裁を行う場合は十分な準備と検討が欠かせない。
> (ⅱ)　仲裁機関や仲裁人により，仲裁の進め方や判断内容に差があり得る。仲裁人は十分な知識と経験を有する専門家が選任されることが通常であるが，案件取扱実績の乏しい仲裁機関では，十分な検討が行われないこともあり得る。したがって，判断のレベルの高さや予測可能性の観点からも，評価が高く，十分な実績のある仲裁機関を選択することが重要となる。
> (ⅲ)　国によっては外国仲裁判断の強制執行に支障が生じることがある。上記の様にインドネシアは外国仲裁判断の国内執行を認めているが，外国仲裁判断がインドネシアの公序良俗に反するとの理由や手続きの遅延などのため，円滑な執行

ができないケースが散見されている。円滑な強制執行の実現は民間の当事者の対応のみでは限界がある難しい問題であるが，インドネシア国内の仲裁判断の強制執行の方が比較的執行が容易との見方もあるので，特に強制執行を重視する場合は，BANI などのインドネシア国内の仲裁機関を紛争解決機関として選択することも考えられる。

(イ)　仲裁合意文言例

　仲裁合意が行われた場合，当事者が合意した範囲の紛争解決方法は仲裁に限定され，裁判所への訴え提起が認められなくなるという効果を有する。仮に一方の当事者が仲裁合意に反して裁判所に訴えを提起しても，訴えを却下することが裁判所は原則的な対応である。もっとも，インドネシアにおいては裁判官による仲裁合意の意味や効果についての認識が十分ではなく，本来却下すべき訴えを受理して，裁判所による紛争解決を認めてしまう事例も一部であるようである。

　仲裁合意においては，選択する仲裁機関や仲裁の手続きについて合意することが必要である。具体的な仲裁文言は選択する仲裁機関が定める仲裁ルールと整合することが重要であり，各仲裁機関は各自のウェッブサイト上などで仲裁合意文言例を掲載しているので，当該文言を参照して用いることが望ましい。以下は BANI による仲裁文言例である。

All disputes arising from this contract shall be binding and be finally settled under the administrative and procedural Rules of Arbitration of Badan Arbitrase Nasional Indonesia（BANI）by arbitrators appointed in accordance with said rules.

Ⅲ　現地での事業運営

6　資金調達・担保

　インドネシアにおいて企業が資金調達する際の手段としては，出資，融資，社債発行などが考えられる。日系企業の場合は，親会社から融資（親子ローン）を受けることや銀行からの借入れ時に日本の親会社が保証を行うことも多い。株式による資金調達の方法としては既存株主による追加出資による方法や第三者に新たに出資を求める方法があり，日系企業による事例は少ないが，インドネシアの証券市場に株式を上場することによる資金調達も可能である。

(1)　資金調達に関する規制

⑦　総　論

　外国企業がインドネシア国内の企業に対して融資を行うことを明示的に規制する法令は定められておらず，海外からの融資について特段の許認可の取得は不要と解されている。また，融資金利の上限は定められていない。なお，インドネシア国内に会社を設立して，インドネシア国内で融資を業として行う場合は，銀行業又は金融業等の許認可を取得する必要がある。

⑦　外　為　規　制
①　報　告　義　務

　インドネシア中央銀行は一定の外為取引について報告義務を定めている（外為取引報告義務に関する中銀規則〔14/21/PBI/2012〕，同規則〔16/22/PBI/2014〕）。すなわち，インドネシアの会社が海外から借入れを行う場合，当該会社は以下の内容の報告を行う義務がある。

- 1年超の長期対外借入計画の提出
- 対外借入れの残高と変動
- 対外借入れを行っている債務者企業の財務情報

164

なお，上記報告義務はすべての海外からの借入れが対象であり，親会社から
インドネシア子会社に対するいわゆる親子ローンについても上記報告義務の対
象となる。また，外為取引報告や財務情報はオンラインによる報告が可能であ
り，報告義務違反には罰金が科され得る。

② 外貨建オフショアローンに関するヘッジ規制

インドネシア中央銀行は，外貨建海外債務を有するインドネシア企業（銀行
を除く）に対して，一定の条件の下で，為替ヘッジ，流動性維持や格付け取得
を求める規則を定めている（民間企業の外貨建オフショア債務に関する中銀規則
16/21/PBI/2014，中銀規則 18/4/PBI/2016 による改正を含む）。当該規則に違反した
場合，違反したインドネシア企業に対して警告状が発行される。警告状が発行
されたことは海外の債権者，財務省などにも通知される。

(a) ヘッジ規制

外貨建海外債務を有する会社の四半期末時点において，(i)「当該四半期末か
ら 3 ヶ月以内に期限が到来する外貨建流動負債」が「外貨建流動資産」を超
過する額及び(ii)「当該四半期末から 3 ヶ月超 6 ヶ月以内に期限が到来する外
貨建流動負債」が「外貨建流動資産」を超過する額のそれぞれ 25% について，
為替先物などの方法によって為替リスクをヘッジすることとされている。なお，
(i)と(ii)の額のいずれについても，当該額が 10 万米ドルを下回る場合はヘッジ
規制の対象とならず，当該額についてリスクヘッジを行う必要はない。

(b) 流動性維持

外貨建海外債務を有する会社の四半期末時点において，3 ヶ月以内に期限が
到来する外貨建流動負債に対して，流動性比率を 70% 以上とすることが求め
られている。

(c) 格 付 取 得

外貨建海外債務を有する会社は，インドネシア銀行が認証する外部格付機関
が発行する一定以上の格付けを取得することが義務付けられている。格付取得
義務の例外として，次の場合は親会社の格付けを使用することが認められてい
る。

Ⅲ　現地での事業運営

- 親会社から外貨建借入れを行う場合
- 外貨建海外債務を親会社が保証する場合

　また，新設された会社については，事業開始から 3 年間は親会社の格付け
を使用することができるとされている。

(2)　不動産に対する担保権

(ア)　総　論
　融資の担保として用いられる主な担保権及びその根拠となる法律としては以
下のものがある。

① 　不動産に対する担保権

- 抵当権（Hak Tanggungan. 抵当権法）

② 　動産に対する担保権

- 信託担保権（信託担保権法）
- 質権（民法）
- 船舶担保（船舶法）

　その他の担保としては，人的担保である保証も認められている。

(イ)　不動産に対する担保権──抵当権
① 　総　論
　抵当権は土地に関する権利上に設定される担保権であり，抵当権により担保
された債権は，抵当権の目的とされた土地に関する権利から優先的に弁済を受
けることができる。また，抵当権の目的になる主な土地に関する権利として，
以下のものが規定されている（抵当権法 4 条 1 項）。

166

> - 所有権 (Hak Milik)
> - 開発権 (Hak Guna Usaha)
> - 建設権 (Hak Guna Bangunan)

② 設定方法

担保権の設定方法は以下のとおりである。

> (i) 抵当権者 (債権者) と抵当権設定者 (担保提供者) との間の抵当権設定証書を，不動産登記官の面前で締結する。
> (ii) 不動産登記官は，抵当権設定証書の締結日から7営業日以内に，当該証書を不動産登記所に登録する。
> (iii) 不動産登記所は抵当権を土地台帳に登録する。登録の日付は登録の申請を受けた日の7日後とする。

　抵当権は土地台帳への登録をもって有効になるとされている (抵当権法13条5号)。また，抵当権登録の証拠として，不動産登記所は抵当権証書を抵当権者に対して発行することとされている (抵当権法14条1項)。

　なお，同一の権利上に複数の抵当権を設定することも可能で，その場合の優劣関係は抵当権が登録された日付の先後により決定される。また，複数の抵当権が同一の日に登録された場合の優劣関係は，抵当権設定証書の日付の先後により決定される。

　抵当権設定に要する期間は，概ね1ヶ月程度とされている。

③ 実行方法

　抵当権の実行は，抵当権の目的物の競売又は私的売却により行われる (抵当権法6条，20条1項・2項・3項)。

　私的売却は，抵当権者と抵当権設定者が合意し，より高い価格での売却が見込まれる場合に認められ，関係者への通知と2紙以上の新聞への公告がなされてから1ヶ月以上経過した後に行うことができるとされている。

Ⅲ　現地での事業運営

(3)　動産に対する担保権

(ア)　信託担保権

　信託担保権は，担保の目的物に担保権を設定しながら，担保権設定者が引き続き担保目的物の占有を有する担保権であり，有形若しくは無形の動産又は担保権を設定できない不動産に設定することができる（信託担保権法1条2項）。例えば，債権に対する担保として信託担保権が用いられることが多い。信託担保権が設定されても担保目的物の占有は担保設定者（債務者等）に残るが，債権は頻繁に支払が行われ，担保設定者が占有を有することの必要性が高いからである。

　信託担保権を設定するためには，信託担保権者（債権者）と信託担保権設定者（担保提供者）とが信託担保権の設定について合意し，信託担保権設定証書を作成する必要がある（信託担保権法5条1項）。担保権登記所は，登録申請がされたのと同一の日に，信託担保権の登録を行い（信託担保権法13条3項），信託担保権証書を発行する（信託担保権法14条1項）。また，信託担保権は，担保権登記所に登録されることにより効力を有する（信託担保権法14条3項）。

　信託担保権の実行は，目的物の競売又は私的売却により行われる（信託担保権法29条1項）。

　私的売却は，信託担保権者と信託担保権設定者が合意し，より高い価格での売却が見込まれる場合に認められ（信託担保権法29条1項c号），関係者への通知と2紙以上の新聞への公告がなされてから1ヶ月以上経過した後に行うことができるとされている（信託担保権法29条2項）。

　なお，債務者による債務不履行時に，信託担保権の目的物の所有権を信託担保権者が取得する旨の合意は無効とされている（信託担保権法33条）。いわゆる帰属清算型の担保実行は認められておらず，第三者への売却を通じて担保目的物の価値が適切に評価されることを図る趣旨である。債務者による債務不履行時に担保目的物の所有権を担保権者が取得することを認めると，立場の弱い債務者又は担保権設定者に不利な条件で担保目的物の評価が行われるおそれがあるので，債務者又は担保権設定者を保護する趣旨である。

　また，信託担保権の設定，変更及び撤回について，オンラインでの登録申請

を可能とする法務人権省規則が 2013 年 3 月に公布されている（法務人権省 2013 年規則 9 号・10 号）。上記規則により，従来は紙ベースでのみ認められていた登録申請が，オンラインでも可能とされた。

(イ) 質 権

　質権は，担保目的物である動産の占有を質権設定者から質権者に移転させることにより設定される担保権であり，質権設定者が目的物の占有を有しない点が，信託担保権との大きな違いである。なお，質権の登記制度は採用されていない。例えば，株式に対する担保として質権が用いられることが多い。質権を設定することにより株式の占有を質権者（債権者）に移転することができるので，信託担保権に比べて債権者により有利な担保権である。

(ウ) 船舶担保権

　船舶担保権は船舶に対して担保権を設定し，船舶の経済的価値に関して船舶担保権者が他の債権者に優先して回収することを認める担保権である。インドネシアの船舶担保権はインドネシア籍の船舶に対してのみ設定することが認められている。したがって，外国籍の船舶には船舶担保権を設定することはできず，設定するためには対象となる船舶をインドネシア籍に登録しなおすことが必要である。

(4) そ の 他

(ア) 保 証

　保証は当事者間の合意で成立し，債務の一部に対する保証も可能とされている。保証の合意が書面の形式でなされることは明文上要求されていないが，実務的には保証契約を締結することが通常である。また，保証の実行は債務者に対する債務履行の請求と同様の方法で行われ，保証人が任意に債務履行しない場合，原則として保証人に対して管轄権を有する裁判所に訴訟提起することになる。

Ⅲ　現地での事業運営

(イ)　融資債務不履行時の対応

　融資を受けた企業が融資を任意に返済しない場合は，訴訟や仲裁により強制的に融資を回収することが必要になる。具体的には，インドネシア国内の裁判若しくは仲裁による解決又は海外での仲裁による解決が選択肢となり得る。前述の様に，インドネシア国外での判決はインドネシアと当該外国との間で外国判決の執行に関する条約が締結されていない限り，インドネシア国内において執行力を有さないとされており，日本など当該条約を締結していない国における裁判を債権回収の方法とすることはできない。

　なお，インドネシアは「外国仲裁判断の承認及び執行に関する条約」（いわゆるニューヨーク条約）に加盟しており，国外の仲裁手続による仲裁判断について，インドネシア国内の裁判所による仲裁判断の承認及び執行決定を経て執行することも可能とされている。もっとも，実務には執行を拒絶される例も少なくない。

(ウ)　合弁契約上の資金調達条項

　日本企業とインドネシア企業との間で合弁会社を設立する場合，通常は合弁会社の運営等について合弁契約が締結される。合弁契約における規定事項は多岐にわたるが，合弁会社に資金需要が生じた場合の対応方針について規定することも多い。具体的には，出資と借入れのいずれにより会社の事業資金を得るかや，出資又は株主からの融資による場合の株主間の資金負担割合について規定する。出資又は株主からの融資による場合は，合弁会社に対する出資割合に応じて資金を負担することが通常であると思われるが，インドネシア側に資金負担能力がない場合は，結果として日本企業側が出資割合を超える割合で資金を負担することがあり得る。また，日本企業側のみが出資によって資金を提供しようとする場合であっても，外資出資比率の上限規制が追加出資による資金提供の障害となることもあり得る。

7 契 約 法

(1) 基 本 原 則

(ア) 契約自由の原則

インドネシア民法上，当事者間で合法的に締結されたすべての契約は当事者を拘束するとされている（民法1338条）。すなわち，契約内容は原則として当事者が自由に定めることができるとされている。もっとも，契約が合法的に締結されることが条件となっており，後述のように契約の有効要件として，契約の適法性が求められている。したがって，違法な行為を行うことを内容とする契約や公序良俗に反する契約などは，効力が認められないと解されている。

(イ) 契約の有効要件

インドネシア民法上，契約が有効であるためには以下の要件を満たす必要があるとされている（民法1320条）。

① 当事者が合意していること
② 当事者に契約を締結する資格があること
③ 対象が特定されていること
④ 適法性

① 合意の存在

どのような場合に合意が成立したといえるかについてインドネシア民法上は詳細な規定は置かれていないが，日本法と同様に申込とその承諾があったときに合意があり，契約が成立すると解されている。一部の契約（寄託契約〔民法1694条〕，使用貸借契約〔民法1740条〕や消費貸借契約〔民法1754条〕）については合意の成立に加えて，契約目的物の引渡しが契約の成立に必要とされている。

契約成立のための合意は原則として口頭による合意でも足りるが，一部の契

171

Ⅲ　現地での事業運営

約（寄贈契約〔民法1692条〕や和解契約〔民法1851条〕）については書面による合意が必要とされている。もっとも，通常は合意内容の明確化のため，契約書が作成されることが多い。

　合意が錯誤によって行われた場合や脅迫によって行われた場合などは，有効な合意があったとは認められない（民法1321条）。

② 契約締結の資格

　契約を締結する資格のないものとして，未成年者と後見人の監督下にある者を定めている（民法1330条）[27]。無資格の者が契約を締結した場合，無資格者の法律上の代理人は裁判所において契約の取消しを主張することができ，無資格者も資格を回復した後に取消しを求めることができる。

③ 対象の特定

　契約の対象が特定されていない場合，当事者が負う義務の内容が明確とならず，契約としての保護を与えるに値しないことからこの要件が必要とされている。

④ 適　法　性

　適法性の要件は，契約に基づき実行される事項が法律及び公序良俗に反しないことをいう。

　上記①又は②の要件を欠く契約は，直ちに無効になるのではなく取り消し得るものと解されており，上記③又は④の要件を欠く契約は無効になると解されている。契約の取消しは，取り消し得るときから5年以内に取り消す必要がある。具体的には，無資格の場合は，無資格者が資格を回復したときから，合意が錯誤や脅迫により行われた場合は，錯誤が明らかになったとき及び脅迫がなくなったときからである（民法1454条）。

⑵　契 約 言 語

㋐　言　語　法

　契約自由の原則により，本来，契約の言語の選択は契約当事者に委ねられているはずであるが，インドネシアにおいては言語法が制定されており，異なる

27）　同条は既婚女性を契約締結の資格のない者として規定しているが，1963年の最高裁判所の決定により当該規定は無効と判断された。

検討が必要となる。

　言語法において，インドネシア政府機関，インドネシア法人又はインドネシア人個人との間で締結される合意書又は契約書にはインドネシア語が使われなければならないとされている（言語法 31 条 1 項）。この規定によれば，例えば，日本企業とインドネシアの会社との間の契約においても，インドネシア語を用いることが必要になると思われる。

　言語法の施行規則は言語法の施行から 2 年以内（2011 年 7 月 9 日まで）に制定されることになっている。一般に，法律はその施行規則によって，義務の主体や例外の有無などについて，具体的に定めて，適用範囲が明確化される。もっとも，同法の施行規則は未だ制定されておらず，同法の適用範囲について不明確さが残る。

　また，言語法の定めるインドネシア語使用義務に違反した場合の罰則は同法に定められていない。さらに，同法の義務に違反してインドネシア語を使用しなかった契約の有効性について明示的に定める規定は同法に設けられていない。そのため，インドネシア語使用義務が適用される契約書の範囲，例外の有無，同義務に違反した場合の契約書の効力などが明確ではない状態が続いている。

　同法の施行後，実務界からの疑問に応える形で法務人権省が同法の解釈に関する見解を発表した。同見解によれば，少なくとも言語法の施行規則が制定されるまでは，英語のみで締結された契約も有効であり，同施行規則はその制定後遡って英語のみで締結された契約の効力を否定するものではないとした。この見解は一行政官庁である法務人権省の見解を示したものであり，法令としての拘束力は持たないものであったが，実務界では，上記法務人権省の見解に対して一定の信頼を置き，言語法の施行規則が制定されるまでは英語のみで締結された契約も有効との見解が多数を占めていたものと思われる。

　しかし，英語のみで締結された契約の効力を否定した下記の裁判例があり，その影響を注視する必要がある。

(イ)　裁　判　例

　2013 年 6 月に西ジャカルタ地方裁判所において，英語のみで締結された契約が，インドネシア語を用いていないことを理由として無効とする判断が下さ

Ⅲ　現地での事業運営

れた。

　同件では，アメリカ合衆国の会社がインドネシアの会社との間で融資契約を言語法の施行後である 2010 年に締結し，当該融資を担保するために債務者の資産に担保を設定した事案において，融資契約が英語のみで作成されておりインドネシア語を使用しておらず言語法に違反することを理由に，当該融資契約及び担保の設定が無効であるとされた。

　上記のとおり，インドネシア民法上，契約が有効であるためには契約が適法性の要件を満たす必要があるところ，裁判所は，インドネシア語版が作成されていないことは言語法に違反し，契約が適法性を有さないので，本件融資契約は無効と判断した。

　また，担保設定契約は融資契約に付随するものであるので，融資契約が無効となった場合，担保設定契約も同様に無効になると判断した。

　上記地方裁判所の判決は，その後最高裁判所でも認められ確定している。

㈡　対　応　策

　言語法が求める契約書へのインドネシア語使用義務への対応として，実務上，以下の対応が取られることがある。

> ⒤　インドネシア語と英語を併記する契約書を作成して署名する，又は
> ⅱ　英語などの外国語のみの契約書を作成し，その契約書上に，契約締結後，一定期間内にインドネシア語版を作成することを規定して署名する。

　上記⒤の対応を取ることが適切であるが，契約書のインドネシア語訳作成には相応の時間が必要となるため，契約内容に合意してから契約締結までに時間の余裕がない場合には，上記ⅱの対応が取られることがある。もっとも，上記ⅱの対応では，インドネシア企業側から契約署名の後に契約は無効との主張がされる余地が生じる。いずれの対応を取るかは，無効主張がされた場合の不利益の大きさや契約締結までの時間的余裕などを考慮して検討することになるが，上記⒤が安全な対応である。

174

(3) 解除条項

契約自由の原則から，契約において当事者の合意で様々な解除事由を定めることができる。また，当事者が契約書上定められた義務を履行しないことは契約の解除事由に当たると解される。もっとも，インドネシア民法は，契約上の義務の不履行などの契約解除事由が発生した場合であっても，契約が当然に解除されるのではなく，裁判所による契約解除の承認が必要としている（民法1266条）。これは，契約の解除により一方当事者に過度な不利益が生じることを避ける趣旨であると解されている。

しかしながら，当事者が定めた契約解除事由が発生した場合にも契約を解除するためには裁判所の承認が必要であるとすると，契約の解除までに一定の時間と費用を要することになり，迅速かつ円滑な取引を行うことができない。また，仮に裁判所が契約の解除を認めない場合は，当事者が当初意図していない事態となり，取引関係の予測可能性が損なわれる恐れがある。契約の解除のためには裁判所の承認を要する民法の規定は当事者間の合意で適用を排除することが可能であるので，企業間の取引ではその適用を排除する条項を契約上に定めることが一般的である。

その場合の規定文言としては以下のような文言が一般的である。

> The parties agree to waive the provision of Article 1266 of the Indonesian Civil Code to the extent that a judicial decision is required to terminate this agreement.

民法1266条は，契約解除のために裁判所の承認を要すること以外にも規定している内容があるので，裁判所の承認を要する点に限って適用除外とするように，"to the extent that a judicial decision is required to terminate this agreement" との文言を入れることが重要である。

IV

撤　　退

Ⅳ　撤　　退

1　清算，株式譲渡など

　インドネシアに会社を設立して事業を行っていたが，事業不振などの理由で
インドネシアから撤退する事例もある。撤退の方法としては，大きく分けると
会社を清算して撤退する方法と会社の株式を第三者に譲渡して撤退する方法と
がある。以下ではこの2つの方法について解説する。

(1)　清算による撤退

　会社を清算する場合は，まず会社を解散し，その後法人格の消滅に向けた手
続きを行うことになる。会社の解散とは，会社が通常の事業活動を停止し，そ
の活動を会社の法人格の消滅に向けたものに限定することをいい，会社の清算
とは，会社と第三者との間の権利義務関係を解消し，会社の法人格の消滅を目
指す手続きをいう。すなわち，会社の解散によって会社の法人格は直ちには消
滅せず，その後の清算手続きを経て法人格が消滅することになる。清算手続き
中の会社は，外部と連絡を取る際に会社名に「清算中」との文言を付け加える
必要がある（会社法143条2項）。会社の法人格の消滅までにはいくつかのステ
ップを経る必要があり，一定の時間も要する。

(ア)　解　　散
　会社の解散は以下の事由のいずれかにより生じる（会社法142条1項）。

(i)　株主総会決議
(ii)　会社の存続期間の満了
(iii)　裁判所の決定
(iv)　破産費用を支払うことができないことを理由とする商事裁判所の破産手続きの
　　取消決定
(v)　破産宣告を受けた会社の破産財団が破産法が定める債務超過状態であること
(vi)　会社の事業ライセンスが取り消されることにより，法律上，会社の清算が求め
　　られる場合1)

178

1 清算，株式譲渡など

　会社が解散した場合，会社は清算人又は管財人により清算手続きに入り，清算に必要な事項以外の法律行為を行うことができない（会社法142条2項a号・b号）。会社が清算に必要な事項以外を行った場合，取締役，コミサリス及び会社は連帯して責任を負う（会社法142条5項）。また，取締役の指名，資格停止，解任，権限，義務，責任及び監督に関する規定は清算人にも適用される（会社法142条6項）。

　解散事由(i)，(ii)，(iv)の事由で会社が解散した場合で，株主総会が清算人を指名しなかった場合，取締役会が清算人の職務を担う。

　株主総会決議による解散は，会社の存続にかかわる重要な事項であるので，総議決権の4分の3以上に相当する株式を保有する株主が出席し，出席株主の4分の3以上の賛成により決議される（会社法144条2項）。会社の解散にかかる議案を提案できるのは，取締役会，コミサリス会又は議決権ベースで10分の1以上の議決権を有する株主である（会社法144条1項）。株主総会において会社の解散が決議された場合，決議において定められた時点から解散の効力を生じる（会社法144条3項）。

　会社の存続期間の満了による解散は，存続期間の満了により当然に発生する（会社法145条1項）。存続期間の満了後30日以内に株主総会を開催して清算人を指名することとされている（会社法145条2項）。会社の存続期間が満了した場合，取締役会は会社の名義で新たな法律行為を行うことはできない（会社法145条3項）。

　裁判所の決定による解散は，以下の場合に行われる（会社法146条1項）。

(i)　会社が公共の利益を害した又は会社が法令に違反する行為を行ったと検察庁から申立があった場合
(ii)　会社の設立に法的瑕疵があると関係当事者から申立があった場合
(iii)　会社を継続することができないと，株主，取締役会又はコミサリス会から申立があった場合2)

---

1)　例えば，銀行業の免許を受けている会社が事業ライセンスを取り消された場合に，他の業種の事業ライセンスを取得して会社を存続させることは認められない。

179

Ⅳ　撤　退

　裁判所の決定による解散の場合，裁判所による決定において清算人が選任される（会社法146条2項）。

⑷　清　算
① 　清算手続き
　解散の日から30日以内に，清算人は以下の通知を行う（会社法147条1項）。

> （i）　新聞公告及び官報公告により，全ての債権者に対して会社の解散を通知する
> （ii）　法務人権大臣に対して，会社が清算手続き中であることを通知する

　上記の30日の起点となる解散の日は，株主総会決議による場合は同決議により定められた日[3]から，裁判所の決定による場合は裁判所の決定が確定した日からである（会社法147条1項）。
　上記(i)の債権者に対する通知には以下の事項を含まなければならない（会社法147条2項）。

> ・　会社の解散及びその法的根拠
> ・　清算人の氏名と住所
> ・　債権届出の手続き
> ・　債権届出のスケジュール

　債権届出が認められる期間は，上記(i)の新聞公告又は官報公告のいずれか遅

---

2)　会社を継続することができない場合の例として，①会社が3年以上事業を行っていないことが税務署への通知により証明される場合，②新聞公告によっても株主の過半数の所在が不明であり，株主総会を開催できない場合，③株式の保有比率が50：50であるなどのために株主総会が有効に決議できない場合，④会社の資産が減少して，会社がその事業を継続することができなくなった場合が挙げられている。
3)　解散の日が，株主総会による解散決議が行われた日を指すのか，解散決議の中で特定された日を指すのか，法律の文言上は，必ずしも明確ではないが，株主総会決議において決議の日と異なる日を解散の効力発生日として指定した場合にそれを否定する必要もないと思われる。

180

1 清算，株式譲渡など

い方の日から 60 日間である（会社法 147 条 3 項）。

上記(ii)の法務人権大臣に対する通知には以下の事項を証明する書類を添付しなければならない（会社法 147 条 4 項）。

- 解散の法的根拠
- 債権者に対する新聞公告を行ったこと

上記債権者に対する公告及び法務人権大臣に対する通知が行われていない場合，会社の解散を第三者に対抗することはできない（会社法 148 条 1 項）。清算人が上記の公告及び通知を怠った場合，清算人は，それにより損害を被った第三者に対して会社と連帯して責任を負う（会社法 148 条 2 項）。

清算人は，会社の清算のため以下の行為を行う（会社法 149 条 1 項）。

- 会社の資産と負債の調査
- 資産の分配計画に関する新聞公告及び官報公告
- 会社の債権者に対する弁済
- 清算手続き後に残った資産の株主への分配

調査の結果，会社が債務超過状態であると清算人が判断した場合，法令に別段の定めがある場合や，特定され住所が判明している全債権者が破産以外の手続きで会社を清算することに合意している場合を除き，清算人は会社の破産を申し立てなければならない（会社法 149 条 2 項）。そのため，煩雑な破産手続きを避けるためには，子会社を清算する場合，清算開始前に増資などを行い，債務超過状態を解消する必要がある。

② 届出債権の否認

債権者が所定の期間内に自己の債権を届け出たが，清算人から債権を否認された場合，債権者は当該清算人による否認から 60 日以内に裁判所に対して債権の存在を確認するための訴えを提起することができる（会社法 150 条 1 項）。

IV 撤　退

債権の届出を行っていない債権者は，会社の解散に関する公告がされたときから2年以内に裁判所に対して債権の存在を確認するための訴えを提起することができる（会社法150条2項）。この場合，株主に対して分配未了の資産が会社に残っている場合はそこから債権者に対して弁済され，資産が残されていない場合は，裁判所は清算人に対して株主に分配した資産の回収を命じる（会社法150条3項・4項）。裁判所が資産の回収を命じた場合，株主は受け取った資産の額に応じて必要な額を返還しなければならない（会社法150条5項）。

　清算人が任務を怠った場合，関係当事者又は検察庁からの求めにより，管轄を有する地方裁判所所長が清算人を解任し，新たな清算人を指名することができる（会社法151条1項）。清算人の解任は，本人への聴聞を行った後に行わなければならない（会社法151条2項）。

③　分配計画に対する異議

　債権者は，上記新聞公告及び官報公告から60日以内に，清算人が作成した資産の分配計画に対して異議を述べることができる（会社法151条3項）。債権者からの異議を清算人が否認した場合，当該債権者は清算人による否認から60日以内に裁判所に対して訴えを提起することができる（会社法151条4項）。

④　完 了 報 告

　債権者に対する弁済と株主に対する残余財産の分配が完了して，株主総会が清算人を免責した場合，清算人は清算手続きの完了を法務人権大臣に通知するとともに新聞に公告する（会社法152条3項）。上記通知と公告は清算人が株主総会に対して清算の結果を報告してから30日以内に行わなければならない（会社法152条7項）。通知を受けた法務人権大臣は，会社の法人格の消滅を登記簿に記録して，会社名を登記簿から抹消し（会社法152条5項），会社の法人格の消滅を官報に公告する（会社法152条8項）。

　なお，会社の清算時には税務の処理が問題になることが多い。会社を清算する場合は，会社の納税者番号を税務署に返却することが必要であり，その前に税務当局による綿密な税務調査が行われる。この税務調査は過年度に遡って行われるので，多額の追徴課税が行われる可能性もある。また，税務調査完了までに2〜3年間掛かることも多い。

182

⑤　債務超過状態の場合

　会社の清算手続きにおいて会社が債務超過状態であると清算人が判断する場合，破産の申立がなされ，破産手続きに移行する（会社法149条2項）。破産手続きの概要については，下記3を参照いただきたい。

(2)　株式譲渡手続き

　会社の株式の過半数を有する株主が株式を譲渡して撤退する場合，会社の支配権が移転することになるので買主による会社の買収に該当する。買収を行う場合は会社法に定められた買収の手続きなどを履行する必要がある。買収に関する手続きの詳細はⅡ5(4)を参照いただきたい。

　特に買収においては新聞公告及び従業員に対する通知が求められているため，売主となる株主が会社から離脱することが従業員に知られることとなる。例えば，信用力のある日系企業が合弁会社から離脱する場合には，従業員が会社の将来性や今後の待遇の悪化を懸念して退職する可能性がある。買収を理由に退職する従業員が想定より多くなる場合，退職金の支払が負担となることやその後の会社の事業運営に支障が生じかねない点が問題となり得る。実施時には，重要な従業員をつなぎとめるための方策や従業員の不安解消に留意する必要がある。

(3)　合弁契約上の規定

　インドネシアで事業を行っている合弁会社の業績が悪化して，会社の清算や株式の譲渡によりインドネシアでの事業から撤退したいと考える場合があり得る。もっとも，合弁会社の場合は事業を継続するか否かや撤退の方法について合弁パートナーとの間で意見が合致しないことも予想される。特に会社の業績が悪化した場合は，合弁パートナー間の関係が悪化し，円滑な協議が難しい場合も少なくない。したがって，合弁契約において，事業終了や撤退の基準や方法をあらかじめ定めておくことが望ましい。例えば，3期連続の赤字となる場合や資本金の50％が毀損した場合には，会社を清算することや撤退を希望する株主が他の株主に株式を売り渡す権利を有することを定めることもある。

Ⅳ　撤　　退

2　労　　務

(1)　概　　要

　インドネシアで事業を行う外資系企業がインドネシアから撤退する主な方法としては，会社の株式を譲渡する方法と会社の解散・清算がある。

　会社の株式を譲渡する場合，株式の譲渡により会社と従業員との間の雇用関係に直接の影響は無く，従業員の雇用は維持されることが原則である。もっとも，株式の過半数を譲渡して会社の支配権が移転する場合（以下「買収」という）には，それを理由として従業員側から雇用関係を終了させることが可能となる。

　また，会社を解散・清算する場合は，従業員を解雇して雇用関係を終了させることになる。

(2)　雇用関係の終了

㋐　株式譲渡（買収）の場合

　過半数株式を譲渡して会社の支配権が移転する場合としては，日本の親会社がインドネシア子会社の株式の 100% を保有しており，保有株式のすべてを第三者に売却する場合や日本側が過半数株式を有する合弁会社において，日本側の株式をパートナーに売却する場合等が考えられる。上述のとおり，買収の場合，株式譲渡自体は従業員の雇用関係に影響を与えないが，買収を理由として，従業員から雇用関係を終了させることが可能となる。

　従業員から雇用関係を終了させる場合であっても法定の解雇手当，長期勤務手当及び補償金が支払われる（労働法 163 条 2 項）。解雇手当，長期勤務手当及び補償金の計算方法については，Ⅲ 2 (2)㋑⑥を参照いただきたい。

㋑　会社の解散・清算

　インドネシアの労働法上，使用者が事業を終了する場合（会社であれば会社の解散），使用者は従業員を解雇することができる（労働法 164 条 1 項・3 項）。こ

184

の場合，使用者は従業員に対して退職金を支払う必要があるが，事業終了の理由が2年連続で損失を計上したこと又は不可抗力である場合に支払われるべき退職金の額は，それ以外の合理化により事業を終了する場合に比べると低額とされている。

従業員を解雇する場合，原則として産業関係裁判所の承認を得る必要があり，事業の終了にともなう解雇の場合も原則として産業関係裁判所の決定を得る必要がある。もっとも，実務上はかかる決定を回避するために，以下の方法が採られることが多い。

- 使用者と従業員との間で雇用関係の終了に関する合意書（Joint Agreement）を作成して産業関係裁判所に登録する方法。なお，登録に際して，産業関係裁判所による承認は必要としない。
- 交渉を行い従業員から退職届を提出させる方法（自主退職）。この場合，産業関係裁判所からの承認取得や登録の手続は不要となる。

但し，かかる Joint Agreement 及び交渉による自主退職については，従業員から「強制的に退職させられたものであり，解雇は無効である」旨の申立がなされるリスクも否定はできない点に留意する必要がある。また，従業員は，雇用関係の終了の日から12ヶ月以内にかかる申立を行う権利を有するものとされている。

㈡　実務上の対応

①　買　収

買収が行われる場合に従業員に対して法律上退職金支払義務が生じるのは，雇用関係が解消された場合（退職した場合）であるが，労働組合や従業員から，買収を理由とした大量退職をほのめかしながら，雇用を継続しながら退職金相当額の支払が要求される事例もしばしばあると言われている。不要な金銭負担が生じないように，買収の事実が従業員の間に不必要に広く知られることがないように情報管理に留意すると共に，仮に従業員からの金銭要求に応じる場合

Ⅳ　撤　　退

に，株式の買主と売主のいずれが当該金額を負担するかについて株式の譲渡に
関連して協議しておくことが望ましい。

② 　紛争解決のための退職手当の割増し

　事業からの撤退を理由として従業員を解雇することは法律上可能であるが，
従業員から争われる場合には，その解決に時間と費用が必要となる。かかる従
業員との紛争を回避するために，法定の金額を上回る退職金の支払を余儀なく
される場合もあると言われている。後々の紛争を回避するために，一方的な解
雇よりは，上述のとおり自主退職又は退職に関する合意に基づく退職とするこ
とが望ましい。

3　倒産法制

(1)　はじめに

　インドネシアは，1997年10月31日に，アジア通貨危機を背景として，国際通貨基金（IMF）との間で破産法制の改正などを内容とする覚書（Letter of Intent）を締結した。この覚書に基づき，破産に関する1998年法律4号が制定された後，同法を改正する破産法が制定され，現在に至っている。

　破産法は，会社の清算手続き等を定めているが，破綻した子会社などの処理に破産手続きが利用されているとは言い難い。破産手続きが利用されていない理由としては，破産手続きの予測可能性が低いことが挙げられる。破産手続きにおいては，債権者，破産会社，管財人，税務当局，潜在的な投資家など多数の利害関係者が関与するが，インドネシアの破産法上，これらの関係者の利害をどのように調整するかが明確ではない。破産裁判所も経験が不足していることから，破産に際してどのような処理がなされるのかを予測することができず，破産法に基づき破綻した会社を法的に処理することの妨げとなっている。また，破産事件を担当する裁判所における不正の問題もある。日本企業が破綻したインドネシア現地法人からの撤退を行う場合も，破産手続きを利用するのではなく，増資などにより債務超過を解消した上で，通常の清算手続きを取ることが多いと思われる。

　破産手続きは，経営困難に陥った会社の清算よりも，むしろ紛争解決の手段として利用されているようである。

　以下では，破産法の概要について説明した後，債権回収手段としての破産申立について，説明する。

(2)　破産法の概要

㋐　倒産原因

　破産法上，以下の2つの要件が充足された場合には，裁判所は破産宣告をなすとされている（破産法2条1項）。

Ⅳ　撤　　退

- 債務者に 2 人以上の債権者がいること
- 債務者が弁済期にある債務の少なくとも一つを履行しなかったこと

　日本の破産法においては，支払不能が破産手続き開始原因とされており（日本の破産法 15 条 1 項），支払停止は，支払不能を推定させる事情とされている（日本の破産法 15 条 2 項）。そのため，債務者が支払を行わなかったとしても，債務者に十分な資力がある場合には，破産宣告はなされない。また，債権者が破産手続開始の申立をするときは，破産手続開始の原因となる事実を疎明しなければならず（日本の破産法 18 条 2 項），費用も予納する必要がある（日本の破産法 22 条 1 項）。そのため，債権者が破産申立をすることはまれであり，破産のほとんどは，債務者自らが申し立てる自己破産である[4]。

　これに対して，インドネシアの場合，債権者は，自らに対する不払いと他に債権者がいることさえ示すことができれば，債務者の破産宣告を得ることができる。通常の会社であれば，当然に複数の債務を負っていることから，債権者に対して有利な破産制度となっているといえる。

(イ)　倒産手続き

　日本では，倒産手続きについては，破産法，会社更生法，民事再生法など複数の法律が定められており，申立時にどの手続きかを選択する必要がある。インドネシアの場合，倒産手続きについては，破産法しかないが，破産法が破産手続きに加えて，債務者の再生の為の支払停止手続きを定めている。

　破産手続きの流れは，次頁図のとおりである。なお，株式会社が自らの破産を申し立てるためには，以下の手続きに加えて，4 分の 3 以上の議決権を有する株主が参加する株主総会において 4 分の 3 以上の賛成を得る必要がある（会社法 89 条 1 項）。

　支払停止手続きの流れは，次々頁図のとおりである[5]。

---

[4]　最高裁判所「司法統計年報民事・行政編（平成 24 年度）」第 108 表によれば，破産者総数 95,543 名のうち，自己破産が 94,823 名とされている。

[5]　支払停止手続きについては，菅野百合＝桜田雄紀「インドネシアの再建型倒産手続（PKPU）の

3 倒産法制

破産手続の概略

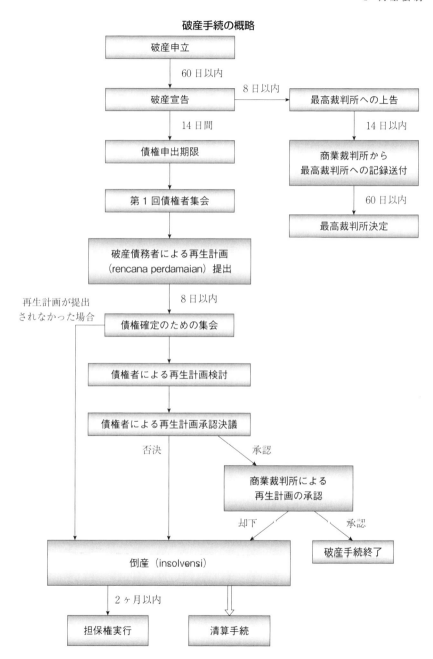

Ⅳ　撤　退

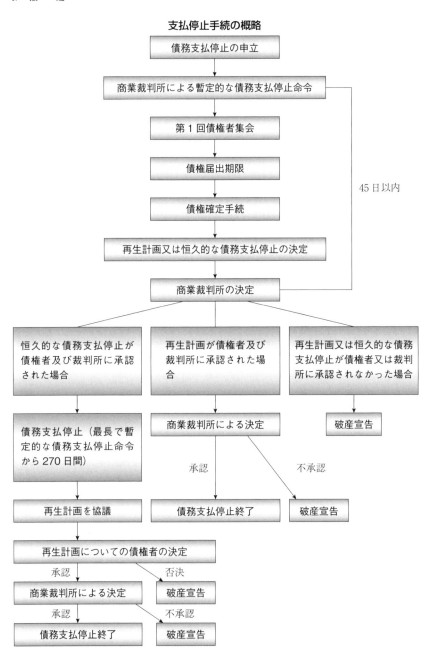

3 倒産法制

(3) 紛争解決手段としての破産申立

破産に関する 1998 年法律 4 号制定後から，破産法は，契約上の争いや合弁会社同士の争いにおける交渉手段として利用されてきている。

破産申立が債権者による債権回収手段として利用されている理由として，上述のように破産宣告の要件として支払不能が要求されておらず，支払停止があれば破産宣告が可能とされていることが挙げられる。債権者が容易に破産申立ができる一方，一旦破産宣告がなされると，会社には破産管財人の選定などの負担がかかるため，取引代金の支払や契約などに関して争いがある場合には，相手方の破産申立を行い，破産宣告を交渉手段とすることが行われている。特に支払停止は，申立から，裁判所による暫定的な債務支払停止命令までの期間が短く，申立は債務者に対する強いプレッシャーとなる。

なお，破産法においては，仲裁合意がなされた場合であっても，裁判所が破産に関する管轄を有することが明記されている（破産法 303 条）。しかしながら，インドネシア国外における仲裁による紛争解決を合意した場合，裁判所に破産申立ができるかについては議論があり，インドネシア国外における仲裁合意により裁判所への破産申立適格を失うとする裁判例もある[6]。インドネシア国外における仲裁による紛争解決を選択すべきことに変わりはないが，かかるデメリットについては認識しておくべきと考えられる。

(ア) PT. Asuransi Jiwa Manulife Indonesia に関する件

インドネシアで破産宣告が紛争解決の手段として利用された例としては，外資との合弁による保険会社である PT. Asuransi Jiwa Manulife Indonesia（以下「AJMI」という）が挙げられる[7]。

AJMI は，弁済能力が十分にあったにもかかわらず，商事裁判所が，2002年 6 月 13 日に破産を宣告した。AJMI に関しては，多数株主であるカナダの

概要」事業再生と債権管理 158 号（2017 年）150 頁以下に詳しい。

6)　2013 年 9 月 24 日付け Hukum Online「Commercial Court Rejects Bankruptcy Petition Against Bakrieland」参照。

7)　AJMI に関しては，ヒクマハント・ジュワナ「インドネシアの倒産法改革」民商法雑誌 131 巻 1号（2004 年）19 頁以下参照。

191

Ⅳ 撤 退

保険会社 Manulife Financial と少数株主である PT. Dharmala Sakti Sejahtera（以下「DSS」という）との間に争いがあり，AJMI による配当金の未払いを理由に DSS が破産申立をしたものである。

　なお，AJMI は，最高裁判所に上告し，最高裁判所は，技術的な理由を基に破産宣告を取り消している。

(イ)　PT Telekomunikasi Selular に関する件

　インドネシア最大の携帯電話会社である PT Telekomunikasi Selular （以下「Telkomsel 社」という）に対しても破産宣告がなされている。

　Telkomsel 社は，2011 年 12 月 31 日現在の純資産が約 38 兆ルピアにも上っていた[8]。Telkomsel 社の SIM カードを販売していた PT Prima Jaya Informatika（以下「PJI 社」という）は，1000 万枚の SIM カードの販売などを合意していたが，合意を履行することができなかったため，Telkomsel 社は，PJI 社からの追加の注文を受け付けなかった。すると，PJI 社は，Telkomsel 社による約 53 億ルピアの不払いを主張して，破産を申し立て，ジャカルタ中央商事裁判所は，2012 年 9 月 14 日に破産を宣告した。Telkomsel 社の破産宣告は，最終的には最高裁判所により取り消されたが，インドネシア企業同士の間でも，破産申立が交渉手段として利用されていることを示すものといえる。

　なお，Telkomsel 社に対して破産宣告を行ったジャカルタ中央商事裁判所の裁判官は，倫理規程違反を理由に懲戒処分を受けており[9]，破産宣告に関して不正な行為がなされていたことが疑われる。

---

8)　Telkomsel 社の 2011 年 Annual Report 参照。
9)　2013 年 4 月 16 日付け Jakarta Post「Telkomsel case judges dismissed」参照。

192

お わ り に

　インドネシアは，世界第4位の人口を有しており，石炭や天然ガス，パーム油などの豊富な天然資源もある。そのため，インドネシアは，有望な投資先として，中長期的に投資が継続するものと思われる。

　しかしながら，ビジネス面の魅力と裏腹に法務面では困難な点が目立つ。複雑な法制度のために想定していた投資に支障が生じる場合もある。たとえ投資ができたとしても，現地企業とのトラブルのために，莫大な損害賠償を請求されることも実際にある。汚職取締りが進んでいるとはいえ，賄賂を払わなければビジネスができないという状況に変化はない。他のASEAN諸国と比べても，インドネシアはトラブルが多く，かつトラブル解決が難しい国である。

　西村あさひ法律事務所は，2010年に現地法律事務所に弁護士を出向させて以来，インドネシアをめぐる法務に積極的に関わってきている。本書は，当事務所が関与した種々のトラブル解決から得た経験をまとめたものである。本書が日本企業のインドネシアにおけるトラブルの事前回避や円滑な解決に少しでも役立つことができれば望外の幸せである。

事 項 索 引

【欧　文】

ASEAN	30
BANI	155
BKPM　→投資調整庁	
Carrefour	81
Churchill Mining PLC	36
Distributor　→卸売業	
KBLI	29
KITAS	45
KPK　→汚職撲滅委員会	
KPPU　→事業競争監視委員会	
Nomor Induk Berusaha　→事業識別番号	
One-Stop Integrated Services　→事業許可統合電子サービス	
Online Single Submission	58
President Director	92
PT. Asuransi Jiwa Manulife Indonesia	191
SIAC	157
Tanda Daftar Perusahaan　→会社登録証	
Telkomsel 社	192
Temasek	81
THR	107
Transparency International	133

【あ　行】

斡　旋	121
Ｅコマース（マーケット・プレイス型）	38
イスラム	12
一時居住許可	45
一時滞在ビザ	43, 44
違法ストライキ	116, 117
インドネシア語	173
営業秘密	128
営利活動の可否	25
M&A	63
汚職撲滅委員会（KPK）	135, 137
汚職撲滅法	134
オフショアーローン	165
オランダ法	15

卸売り	39
卸売業（Distributor）	39
生産と関連のある——	39

【か　行】

解　雇	101, 184
——禁止事由	120
——事由	119
——手当	108
——手続き	118
外国裁判所ノ嘱託ニ因ル共助法	139
外国人の雇用	27
外国人の就労	45
外国人労働者雇用計画書	45
外国人労働者利用補償基金	45
外国仲裁	157
外国仲裁判断の執行及び承認に関する条約	157
外国投資に対する奨励措置	41
外国判決	160
解　散	178
外資企業	29
外資規制	28
——違反の効果	31
会社設立	55
会社登録証（Tanda Daftar Perusahaan）	58
会社分割	64
解除条項	175
外為規制	164
解　任	94, 100
開発権	167
下級審裁判例の拘束力	16
華　僑	50
格付取得	165
合　併	63, 64, 72
——計画	72, 73
——証書	74
株式会社	20
株式譲渡	66
株式売却義務	37
株主総会	84

事 項 索 引

株主代表訴訟 ……………………91
管財人 ………………………179
慣習法 …………………………13, 50
官庁照会 ………………………17
機 関 ……………………………84
企業結合届出書 ………………79
企業結合届出手続き ……………78
議決権 …………………………89
キャスティング・ボート ……94, 100
旧投資法 ………………………37
強制執行 ………………………158
業務委託 ………………………104
グランドファーザールール ……31
クリーン・ブレイク・レター ……40
警告書 …………………………110
警察よる取調べ ………………62
競売手続き ……………………160
契約社員 ………………………103
契約自由の原則 ………………171
契約の有効要件 ………………171
契約の履行確保 ………………14
決議事項 ………………………85
決議要件 ………………………86
減 給 ……………………………110
言語法 …………………………172
建設権 …………………………51, 167
建設駐在員事務所 ……………22
公開買付け ……………………75
工業意匠 ………………………129
公証・認証 ……………………90
控 訴 ……………………………152
合弁契約 ………………………183
　　――規定事項 ………………60
小売り …………………………38
国際捜査共助等に関する法律 ……138
国内仲裁 ………………………155
国民協議会 ……………………0
個人情報保護 …………………149
国 会 ……………………………9
国家法 …………………………12
コミサリス会 …………………61, 95
コミサリスの権限 ……………96
コミサリスの責任 ……………97

コンビニエンス・ストア ………38

【さ 行】

債権者に対する公告 …………67, 69, 73
最低資本金額 …………………26
最低賃金 ………………………106
最低投資金額 …………………26
裁判官の汚職 …………………10
裁判所 …………………………10
産業関係裁判所 ………………122, 185
時間外労働手当 ………………106
事業競争監視委員会（KPPU）……76, 80, 147
　　――による審査 ……………79
事業許可統合電子サービス（One-Stop Integrated
　　Services） …………………56
事業識別番号（Nomor Induk Berusaha）……58
事業譲渡 ………………………63, 64, 71
事前相談制度 …………………80
質 権 ……………………………166, 169
執行手続き ……………………159
支 店 ……………………………20
支配権 …………………………65, 77
　　――の移転 …………………64
支払停止手続き ………………188
従業員の承継 …………………71
従業員への通知 ………………67, 73
就業規則 ………………………112
宗教法 …………………………12
集積回路配列保護 ……………130
出勤停止 ………………………110
出資比率 ………………………26, 61
種苗法 …………………………127
ジョイントオペレーション ……22
ジョイント・ベンチャー ………58
　　――契約 ……………………59
試用期間 ………………………105
上 告 ……………………………154
商事駐在員事務所 ……………21
招集手続き ……………………87
上場会社 ………………………33
少数株主権 ……………………90
譲渡証書 ………………………53, 71
商 標 ……………………………126

195

事 項 索 引

賞　与 …………………………………107
職務の停止 ……………………………95
ジョコ・ウイドド（Joko Widodo）………8
所有権 ……………………………49, 167
人事報告 ……………………………110
進出動向 ………………………………4
信託担保権 ……………………166, 168
ストライキ …………………………115
スーパーマーケット …………………38
清　算 …………………………178, 180
清算人 ………………………………179
正社員 ………………………………102
税務調査 ……………………………182
設立証書 ………………………………56
設立手続き ……………………………25
善管注意義務 …………………………91
船舶担保 ……………………………166
船舶担保権 …………………………169
贈収賄 ………………………………132

【た　行】

第一審（民事手続き）………………151
退職金 ……………………69, 107, 185
退職手当の割増し …………………186
大統領 …………………………………8
ダイベストメント義務 ………………37
大陸法（シビル・ロー）………………16
代理店 …………………………………39
　　──規制 …………………………39
大量保有報告 …………………………75
タックス・ホリデー …………………42
知財紛争 ……………………………131
中期的有望事業展開先調査報 ………2
仲　裁 …………………15, 154, 162
駐在員事務所 ……………………20, 21
仲裁合意 ………………161, 163, 191
　　──文言例 ………………………163
懲　戒 ………………………………110
　　──解雇 …………………………110
長期勤務手当 ………………………108
調　停 ………………………………121
著作権 ………………………………124
通貨法 ………………………………148

定時株主総会 …………………………85
定足数 …………………………………87
抵当権 ……………………………53, 166
定　年 ………………………………109
撤　退 ……………………………61, 178
　　──時の手続き …………………26
デパート ………………………………39
デュー・デイリジェンス ……………67
転換社債 ………………………………34
電話会議 ………………………………88
倒産原因 ……………………………187
投資協定 ………………………………36
投資金額 ………………………………58
投資調整庁 ……………………………24
到着ビザ ………………………………44
　　──での就労 ……………………46
逃亡犯罪人引渡法 …………………138
独占禁止法 ………………………76, 146
特　許 ………………………………123
取締役 …………………………………91
取締役会 …………………………61, 91

【な　行】

日本企業の進出 ………………………6
日本企業の進出地域 …………………6
日本交通技術株式会社 ……………142
ネガティブリスト ……………………28
農業基本法 ……………………………49
ノミニー規制 …………………………35

【は　行】

買　収 …………63, 64, 183, 184, 185
　　──計画 …………………………68
　　──結果の公告 …………………67, 71
　　──証書 …………………………71
　　──の手続き ……………………67
排除措置 ………………………………80
派遣労働者 …………………………103
破　産 ………………………………188
　　──申立 …………………………191
破産法 ………………………………187
ハラール認証 …………………………12
販売店 …………………………………39

事項索引

非居住取締役による雇用許可取得の要否 ……46
ビ　ザ ………………………………43
ビデオ会議 …………………………88
ファシリテーション・ペイメント …………136
不正競争防止法 ………………137, 142
不動産登記 …………………………52
不法行為に基づく損害賠償請求訴訟 …………62
フランチャイズ ……………………41
紛争解決方法 ………………………15
米国 FCPA …………………140, 142
ヘッジ規制 …………………………165
ベンチャー・キャピタル …………32
法人格 ………………………………25
法人税の軽減 ………………………41
法務人権省 …………………………57
訪問ビザ ……………………………43
　　――の免除 ………………………44
保　証 ………………………………169
補償金 ………………………………109

【ま　行】

ミニマーケット …………………………38

民事訴訟 ……………………………150
民法 1266 条 ………………………175
無議決権株式 ………………………34
ムスリム ……………………………12

【や　行】

輸入業者 ……………………………39

【ら　行】

流動性維持 …………………………165
利用権 ………………………………53
臨時株主総会 ………………………85
労働協約 ……………………………113
労働組合 ……………………………113
労働組合法 …………………………102
労働契約 ……………………………112
労働時間 ……………………………105
労働条件 ……………………………105
　　――の不利益変更 ………………111
労働紛争解決法 ……………………102
労働法 ………………………………101
ロックアウト ………………………117

197

インドネシアのビジネス法務

2018 年 11 月 30 日　初版第 1 刷発行

編　者　西村あさひ法律事務所

発行者　江　草　貞　治

発行所　株式会社　有　斐　閣

郵便番号 101-0051
東京都千代田区神田神保町 2-17
電話　(03)3264-1314〔編集〕
　　　(03)3265-6811〔営業〕
http://www.yuhikaku.co.jp/

印刷・株式会社理想社／製本・牧製本印刷株式会社
© 2018, 西村あさひ法律事務所, Printed in Japan
落丁・乱丁本はお取替えいたします。

★定価はカバーに表示してあります。

ISBN 978-4-641-04824-9

JCOPY　本書の無断複写（コピー）は，著作権法上での例外を除き，禁じられています．複写される場合は，そのつど事前に，(社)出版者著作権管理機構（電話03-3513-6969，FAX03-3513-6979，e-mail:info@jcopy.or.jp）の許諾を得てください．

本書のコピー, スキャン, デジタル化等の無断複製は著作権法上での例外を除き禁じられています。本書を代行業者等の第三者に依頼してスキャンやデジタル化することは, たとえ個人や家庭内での利用でも著作権法違反です。